インスクリプト
INSCRIPT Inc.

La haine de la démocratie, Jacques Rancière

民主主義への憎悪

ジャック・ランシエール　松葉祥一＝訳

La Haine de la Démocratie

序

列車内で襲われたという話をでっち上げてフランス中の耳目を集めている若い女性[1]。学校で、イスラム教の戒律で定められたスカーフを取るのを拒む娘たち[2]。破綻した社会保障。高校卒業試験《バカロレア》出題文の、ラシーヌやコルネイユから、モンテスキュー、ヴォルテール、ボードレールへの変更。退職年金制度維持のためにデモをする賃金労働者たち[3]。教育水準の低い地域からの優先入学制度を始めた高等専門学校《グランゼコール》[4]。リアリティ番組《テレ・レアリテ》の飛躍的な伸び[5]、同性愛者の結婚[6]、そして生殖補助医療[7]。元々ばらばらな〔こうした最近の〕出来事を集約するのは何かと詮索する必要はない。すでに数多くの哲学者、社会学者、政治学者、精神分析家、ジャーナリスト、作家らが、引きも切らず本や記事や番組を通じて、答を出してくれている。彼らが言うには、これらの症状はすべて同じ病いを示しており、これらの結果にはすべてたった一つの原因がある。それは民主主義と呼ばれるが、つまりは現代大衆社会における個人の際限なき欲望の支配を意味している。

こうした告発を特異なものにしているのは何か、よく見ておかなければならない。確かに、民主主義への憎悪は目新しいものではない。それが民主主義と同じだけ古い理由は簡単である。民主主義という語そのものが、一つの憎悪の表現なのである。この語は当初、群衆《ミュルチチュード》による下劣な統治に、あらゆる正統な秩序の破壊を見てとった古代ギリシャの人々によって、侮蔑を表すために創り出された語だった。権力は出自によって定められた者あるいはその能力によって要請された者が当然握るべきだと考える人々すべてにとって、民主主義という語は唾棄すべきものだった。現在でも、啓示された神の法だけが人間の共同体を組織する正統な根拠だとする人々にとっては、事情は同じである。民主主義への憎悪がもたらす暴力には確かにアクチュアリティがある。しかしそれは、本書が対象にしていることではない。理由は単純である。私にはそうした暴力について声高に主張している人々とまったく共通点がなく、したがって彼らと議論すべきことがまったくないからである。

こうした憎悪とは別に、民主主義には、歴史上、様々なかたちの批判があった。そうした批判は、民主主義が現にあることを認めはするが、それは民主主義の限界を画定するためのものである。民主主義批判には、歴史的に主要な形が二つあった。〔第一の批判は〕貴族にして学識のある立法者たちが、無視できぬ事態だと見なす民主主義と妥協するための手管というべきものであった。アメリカ合州国憲法の起草は、この作業の古典的な例である。すなわち、民主主義的な事態からこれまで引き出すことのできた最良のものを引き出すために、諸勢力の妥協によって制度上のメカニズムのバランスをとると同時に、民主主義的な事態を厳しく抑えこむことによって、エリートによる統治と私有財産性の保護という、同義であると見なされる二つの権益を守る作業である。この批判は現実に成功をおさめたが、きわめて当然ながら、まったく反対の立場からの批判の成功に手を貸すことになった。若きマルクスにとって、フランス共和国憲法の基盤にある所有権の支配を暴露することはたやすいことだった。フランス共和国の立法者たちは、所有権の支配に関して隠しておくことなどまったくなかったからである。しかし若きマルクスは、今日でも有効な思考のスタンダードを定めることができた。形式的には民主主義的な法や制度は、ブルジョワ階級が権力を行使するための見せかけであり道具であるとする考えがそれ〔第二の批判〕である。こうした見せかけに対する闘争が「本当の」民主主義に至る道となった。この民主主義においては、自由と平等は、もはや法や国家の諸制度のなかには表されず、物質的生活や感覚的経験のなかに具体化されるという。

本書の対象である民主主義への新たな憎悪は、本来、これらの批判モデルのいずれにも属していない。たとえそこから要素をいくつか取り入れて組み合わせたものであるとしても。新たな憎悪の代弁者たちは皆、自らを民主主義国家だと言うばかりでなく民主主義そのものだと宣言している国々に住んでいる。彼らの誰一人として、より本当の民主主義を要求してはいない。逆に皆が口をそろえて、民主主義はすでに行き過ぎでしかないとわれわれに言うのである。しかし、彼らの誰一人として、民衆の権力を具現していると自称する諸制度に不満を述べるわけではなく、この権力を制限する何らかの方法を提案するわけでもない。彼らは、モンテスキューやマディソン、トクヴィルの時代に人々を熱中させた制度的仕組みには興味がないのである。彼らが不満を述べるのは、民衆と民衆の品行についてであって、民衆の権力が由って来る制度についてではない。彼らにとって民主主義とは、堕落した統治の形ではなく、社会や国家を蝕む文明の危機である。そこから、一見驚くような行き違いが生じる。差異の尊重や、マイノリティの権利、アファーマティブ・アクションといった、わが国〔フランス〕の共和主義的普遍主義を崩壊させるあらゆる悪をわれわれにもたらしているとされる民主主義的アメリカを、飽くことなく告発している批判者たちが、その同じアメリカが軍事力を使って世界中にその民主主義を広めようとするときには、まっ先に讃辞を呈しているのである。

確かに民主主義についての二枚舌は、新しいものではない。民主主義は最悪だが、他のどの政体よりもましだという表現を、われわれは嫌というほど聞かされてきた。しかし、新たな反民主主義感情は、もっと厄介な言い方をしている。それによれば、民主主義の統治がうまくいかないのは、それが、万人が平等であらゆる差異が尊重されるよう望む民主主義的社会によって歪められたときである。逆に民主主義の統治がうまくいくのは、それによって民主主義的社会の無気力な個人が、文明の価値を守る戦争のエネルギーによって生気を取り戻すときである。文明の価値とは、文明と文明の闘いの価値でもある。したがって新たな民主主義への憎悪は、一つの単純なテーゼに要約されうる。すなわち、よい民主主義は一つしかない、それは民主主義的文明の破局を抑止するような民主主義だというテーゼである。以下では、このテーゼの成り立ちを分析し、その問題点を解明したい。問題はたんに、現代のイデオロギーの一形態を記述することではない。このイデオロギーはまた、われわれの世界の状態、およびそこにおいて政治が何を意味するかについても教えてくれる。したがってこれはまた、われわれが民主主義という語によってもたらされるスキャンダルを積極的に理解し、この語の切れ味をよみがえらせる手助けにもなりうる。

勝利した民主主義から犯罪的な民主主義へ

「中東に民主主義が立ち上がる」。経済的リベラリズム〔＝新自由主義〕を唱道するある雑誌は、数か月前、このような見出しで、イラクにおける選挙の成功とベイルートにおける反シリアデモを賞讃した[1]。民主主義の勝利に対するこの讃辞に添えられた解説は、この民主主義の性質と限界を指摘するだけのものだった。まずこう説明されていた。民主主義とは人民の人民自身による統治であるから軍事力によって外からもたらされることはありえないという理想主義者たちの主張にもかかわらず、民主主義は勝利した。したがって民主主義が勝利したのは、民主主義がもたらす実際的な恩恵を、人民の人民自身による統治というユートピアから切り離して、民主主義を現実主義的な観点からとらえたからだ、というわけである。しかし、理想主義者たちに与えられた教訓は、最後の最後まで現実主義者たれというものでもあった。たしかに民主主義は勝利したが、その勝利が意味することをすべて知らなければならない。すなわち、他国の国民に民主主義をもたらすことは、たんに立憲国家、選挙、出版と報道の自由といった恩恵をもたらすだけではない。それは無秩序をもたらすことでもあるのだ。

サダム・フセイン政権の崩壊にともなって略奪行為が頻発していることについて、アメリカの国防長官が出した声明を思い起こしてみよう。彼が語ったのは要するに、われわれはイラク人民に自由をもたらした、しかし自由とは悪事の自由でもある、ということだった。この声明は、その場限りの警句であるだけではない。この声明は、ばらばらの要素から再構成しうる一つの論理の一部をなしている。すなわち、民主主義は超大国の軍隊によって外からもたらすことができるばかりか、必ずもたらされなければならない、なぜなら、民主主義は人民の人民による統治という牧歌ではなく、貪欲に欲求を満たす熱狂的な無秩序だからであるという論理である。ここで言う超大国とは、途方もない軍事力を備えた国家を意味するだけでなく、より一般的に、民主主義の無秩序を抑制する権力をも意味する。

民主主義の世界普及を企てるこの遠征に加えられたコメントは、以前になされたいくつかの論議を思い出させる。それらの議論も、当時民主主義の抑えがたい伸展ぶりについて述べていたが、今回ほど意気揚々としたものではなかった。実は、これらのコメントは、三〇年以上前の日米欧委員会の際に、当時民主主義の危機と呼ばれた事態を明らかにするために示された分析を言いかえたものだ。[2]

〔イラクでは〕民族自決権の名の下に異議を唱える理想主義者たちの意に反して、民主主義が米軍の轍の上に立ち上がっている。すでに三〇年前、〔日米欧委員会の〕報告書が、同種の理想主義者たちを非難していた。すなわち、「価値志向型知識人（value-oriented intellectuals）」たちは、反体制文化を育み、民主的活動の行き過ぎをそのままにした。その活動は、国家当局にとっても「政策志向型知識人（policy-oriented intellectuals）」たちの実際的活動にとっても致命的なものだった。〔イラクで〕民主主義は立ち上がったが、それとともに無秩序も立ち上がった。公共の財産をくすね、新たな民主主義的自由につけこんで私腹を肥やしているバクダッドの略奪者たちは、少し幼稚なやり方によってではあるが、三〇年前に民主主義の「危機」を明らかにした重要な議論の一つを思い出させる。すなわち、〔日米欧委員会の〕報告者たちによれば、民主主義が意味するのは、不可逆的な要求の増大であり、それによって政府は圧迫されて権威の衰退を招き、個人や集団は公益に必要な犠牲や規律に反抗するようになる。

こうして、民主主義の世界普及のための軍事遠征を支持する議論によって、今日民主主義という語の支配的な用法が秘めているパラドクスが暴露される。この用法においては、民主主義に二つの敵があるように思える。一方で民主主義は、はっきり特定される敵と対立している。すなわち専制の統治、リミットのない統治であり、時代によって暴政、独裁、あるいは全体主義と呼ばれる敵である。しかしこの明白な対立は、もう一つのさらに奥深い対立を覆い隠している。すなわち、よき民主主義の統治とは、たんに民主主義的生活様式（la vie démocratique）と呼ばれる悪しき民主主義を制御できる統治である。

これが、〔報告書〕『民主主義の危機』（*The Crisis of Democracy*）全体を通じて行われている論証である。すなわち、民主主義の統治に危機をもたらすのは、ほかならぬ民主主義的生活様式が広く滲透することによってである。しかし、この滲透とそれがもたらす脅威は、二つの面で示される。一方で「民主主義的生活様式」は、人民の権力を強化するアナーキーな原理だと見なされる。アメリカ合州国は、他の西欧諸国と同じく、一九六〇年代と七〇年代に、この原理の極端な結果を経験した。すなわち、国家の活動のあらゆる面に口出しして、公権力の権威、専門家の知、実務家のノウハウといったよき統治の原則に立ち向かう、戦闘的な異議申し立てが休みなく続いたのである。

おそらく、こうした過剰な民主主義のバイタリティをしずめる治療薬が、アリストテレスを信じるとすれば、ペイシストラトス[8]以来知られている(3)。それは、公共の場面で活発に蠢いている熱狂的エネルギーを、他の目的に、すなわち物質的繁栄や私的幸福や社会的つながりを追求することに、向けることである。ところが、残念ながら、このよき解決策はすぐに裏面をさらしてしまった。すなわち、過剰な政治的エネルギーを弱めること、個人的幸福や社会的関係の追求を助長することは、私的生活や様々な形の社会的交流のバイタリティを促進することでもあり、それによって欲望と要求が増大したのである。またもちろんこの欲望と要求には、二重の効果があった。すなわち、それによって市民が公共の利益に無関心になり、この社会から出される要求の渦に応えるよう促された政府の権威が根底から崩れたのである。

こうして民主主義のバイタリティに立ち向かうことは、次のように要約される単純なダブルバインドのかたちをとった。すなわち、民主主義的生活様式とは人々が公共問題の議論に幅広く参加することを意味し、それは悪である。さもなければ、民主主義的生活様式とは個人的満足にエネルギーを傾ける社会生活の形式を意味し、それもまた悪である。したがってよい民主主義とは、集団で活動するか、さもなければ民主主義的生活様式に付きものの個人の領域へと引きこもるかという、二重の行き過ぎを制御しうる統治と社会生活の形式のはずである。

以上が、専門家が民主主義のパラドクスを述べる際の通常の形式である。すなわち政治的・社会的生活の形式としての民主主義とは、過剰さの支配だというわけである。そしてこの過剰は、民主主義的政府の破壊を意味し、したがって政府によって鎮圧されなければならない。この解決不可能な問題は、かつて〔アメリカの〕憲法起草者たちに巧妙な処理を行わせた。が、そうした種類の巧妙さは、現在もはやほとんど評価されない。統治を行う者たちはそうした技巧なしでも、かなりうまくやってのけている。民主主義国家が「統治不可能」だということは、それが統治される必要があることを十二分に証明している。また統治する者たちにとっては、彼らがまさに民主主義国家を適切に統治するための施策に十分な正統性があるということである。しかし、経験的な統治法の価値が効力を発揮するのは、ほとんど統治する側の人々だけである。知識人たちには別の交換手段が必要である。とくに大西洋のこちら側〔ヨーロッパ〕、そしてとくにフランスにおいてはそうである。というのも、知識人たちは権力のすぐそばにいながら、権力の行使から排除されているからである。知識人たちにとって、この経験的パラドクスは統治の継ぎ接ぎ細工では対処できないものである。知識人たちは、そこに、発端からつきまとうある悪徳の帰結、文明の核心部における頽廃の帰結を見ており、それを原理的に追いつめることにかかり切りになっている。その場合知識人たちにとって重要なのは、名称の曖昧さを解消することである。すなわち、「民主主義」を、もはや悪とそれを正す善に共通する名称ではなく、われわれを腐敗させる悪のみの名称とすることである。

米軍がイラクで民主主義の普及のために働いている間に、フランスでは中東における民主主義の問題をまったく別の観点から問う著作が出版された。同書のタイトルは『民主主義的ヨーロッパの犯罪的傾向』(*Les Penchants criminels de l'Europe démocratique*)である。著者ジャン゠クロード・ミルネール[9]は、同書で、繊細かつ緻密な分析を通じて、簡潔かつラディカルなテーゼを展開した。ヨーロッパ民主主義が現在行っている犯罪とは、中東に平和を、すなわちイスラエル゠パレスチナ紛争の平和的解決を要求していることである。ところでこの平和が意味するのは、ただ一つのこと、つまりイスラエルの破壊である。ヨーロッパの民主主義諸国は、イスラエル問題を解決するために、平和を提案した。しかし、ヨーロッパの民主主義的平和そのものが、ヨーロッパのユダヤ人虐殺の結果以外の何ものでもなかったのである。平和と民主主義のなかで統合されたヨーロッパが可能になったのは一九四五年以後であり、それはただ一つの理由からだった。すなわち、ナチの大量虐殺《ジェノサイド》が功を奏して、ヨーロッパの領土から、ヨーロッパの夢の実現を妨げていた人々、つまりユダヤ人が追い払われたからである。国境なきヨーロッパとは、実は政治の解消である。〔というのも〕政治とは、無制約を原理とする社会のなかで、逆につねに制約された複数の全体性にかかわるものだからである。近代民主主義が意味するのは、近代社会に固有の無制約の原則による、政治的制約の破壊である。あらゆる制約を無視しようとするこの意志は、とくに近代の発明つまり技術に役立つと同時に、技術によって象徴される。今日この意志は、遺伝子操作や人工授精の技術によって、性区分、両性生殖、親子関係についての法律そのものを葬り去ろうとする意志において、頂点に達している。ヨーロッパ民主主義とは、このような意志をもった社会のあり方なのである。ヨーロッパ民主主義がこうした目的に到達するために必要だったのは、ミルネールによれば、存在原理そのものが血統や遺伝に拠って立つような人々、この原理を意味する名をもつ人々、すなわちユダヤの名をもつ人々を追い払うことだった。この人々にジェノサイドをもたらしたガス室〔の発明〕とは、まさに民主主義社会の原理と同質の発明だとミルネールは述べるのである。民主主義ヨーロッパはジェノサイドから生まれたのであり、ユダヤ人国家を自らの平和の条件に、すなわちユダヤ人虐殺という条件に従わせようとすることで、自らの任務を追求しているのだ、とミルネールは結論づけている。

この立論を考察するにはいくつかのやり方がある。その立論の過激さに対して、常識や歴史的正確さといった根拠を対置することができる。例えば、何らかの理性の狡知か摂理による歴史的目的論にでも訴えなければ、それほど簡単にナチ体制をヨーロッパにおける民主主義の勝利の要因と見なせないだろうと問うことによって。逆に、著者の思想の中核、例えば象徴界・想像界・現実界というラカンの三幅対と結びついた名の理論から出発して、(4)彼の立論の内的一貫性を分析することもできる。しかし私はここで、第三の道を取りたい。すなわち、〔ミルネールの〕立論の核心を、常識に対する極端さや、その思考が依拠するある著作家の思考の概念ネットワークにしたがって考察することではなく、この特異な立論によって再構成しうる共通の眺めから考察することであり、この二〇年間、支配的な知識人の意見のなかで民主主義という語がこうむった意味の変化を、その立論が見せてくれるところから考察することである。

その変化は、ミルネールの著書では、二つのテーゼの結合に要約される。第一のテーゼは、ユダヤの名と民主主義の名を根源的に対立させるものである。第二のテーゼは、この対立を二つの人間のあいだの分割へと転回するものである。つまり、血統や相続の原理に忠実な人間と、その原理を忘れて自己生成の理想――これはまったく同様に自己破壊の理想でもある――を追求する人間である。ユダヤと民主主義的なものは、根源的に対立している。このテーゼは、六日間戦争やシナイ戦争〔10〕の時代にはまだ民主主義の支配的な見方を組み立てていたものが、激変したことを示している。当時はイスラエルが民主主義国家であることが賞讃されていた。民主主義とは、個人の自由と最大多数者の公的生活への参加とを同時に保障するような国家によって統治される社会だと理解されていた。人権宣言は、集団に認められた権力と、個人に保障された自由とのあいだのバランスを示した憲章であった。当時、民主主義の反対語は全体主義だった。支配的な言葉づかいでは、個人の諸権利と同時に集団的表現に関して憲法に規定された形態——自由選挙、表現・結社の自由——を集団的権力の名で否定する国家が、全体主義的だと呼ばれた。全体主義という名称が意味したのは、この二重の否認の原理そのものだった。全体国家とは、国家と社会の二重性を廃止して、自らの活動範囲を集団の生活全体にまで広げる国家のことである。ナチズムと共産主義は、全体主義の二つの範例だと見なされた。この二つは、国家と社会の分離を超えると主張する二つの概念、すなわち人種と階級の概念に基盤を置いていた。ナチ国家は、かつて彼ら自身が主張した観点、すなわち人種に基盤を置く国家という観点にしたがって全体主義だと見なされたのである。こうしてユダヤ人大虐殺は、この国が宣言した、退化しているとともに退化をもたらす人種を抹殺するという意志の成就だと見なされた。

ミルネールの著作は、それ以前は支配的だったこのような確信の逆転をもたらした。

すなわち、それ以後のイスラエルの価値は、民主主義原理の対極を示すことにある。そして全体主義の概念には用途がまったくなくなり、ナチ体制とその人種差別政策は特異なものではまったくなくなった。それには非常に単純な理由がある。すなわち、かつては全体主義のものだとされてきた属性――国家が社会を食いつくす――が、単純に民主主義の属性――社会が国家を食いつくす――になったのである。ヒトラーの主な関心は民主主義の普及ではなかったが、彼をこの普及の思いがけない仲介者だと見なしうるのは、かつて「自由民主主義《リベラル・デモクラシー》」の熱狂的信者たちが全体主義と呼んだのと同じものを、現在の反民主主義者たちが民主主義と呼んでいるからである。逆からも同じことが言える。かつて閉じられた全体性という国家原理として告発されたものが、いまや無制約性という社会原理として告発されている。民主主義と呼ばれるこの原理が、歴史的・世界的全体と解される現代性の包括的原理になっており、唯一これに対立するのが、人類の伝統を保持する原理としてのユダヤの名である。かつて「民主主義の危機」を唱えたアメリカの思想家〔S・ハンチントン〕は、いまだに「文明の衝突」の名で、西洋・キリスト教の民主主義を、専制政治の東洋と同義だとするイスラム教に対置している[5]。民主主義の犯罪を語るフランスの思想家〔J-C・ミルネール〕の方は、民主主義、キリスト教、イスラム教をごたまぜにしてユダヤという唯一の例外に対置することによって、文明と文明の戦争についてさらに過激な見方を出してきている。

したがって、まず新たな反民主主義的言説の原理を画定することができる。新たな反民主主義的言説が描く民主主義の肖像は、以前は全体主義のものだとされていたいくつかの特徴からなっている。したがって反民主主義的言説は、肖像を歪めるプロセスを経由しているのである。あたかも冷戦の必要に合わせて作られた全体主義の概念が役に立たなくなったので、その特徴をばらばらにして再構成することによって、全体主義の対極にあると見なされていたもの、つまり民主主義の肖像を描き直すことができるようになったかのようである。この解体と再構成のプロセスは段階をたどってみることができる。そのプロセスは、一九八〇年代を転機にして、この二つの語の対立を再検討する最初の作業から始まった。その舞台は、民主主義の革命的遺産の再考である。この点で、一九七八年に出版されたフランソワ・フュレの『フランス革命を考える』(*Penser la Révolution française*)が果たした役割が強調されてきたのは正当なことである[11]。しかし、フュレが行った作業の二重のモチーフは、ほとんど理解されてこなかった。恐怖政治を民主主義革命の核心に置き直すことは、当時支配的な見方であった対立を、最も目につくレベルで破棄することだった。全体主義と民主主義は、フュレの教えによれば、真に対立する二項ではない。スターリンの恐怖政治支配は、フランス革命の恐怖政治支配のなかに予見されていた。恐怖政治は、フランス革命の暴走がもたらしたものではなく、革命の企てと不可分だった。つまり恐怖政治は、民主主義革命の本質そのものに内在する必然だったのである。

フランス革命期の恐怖政治からスターリンの恐怖政治を演繹することは、それ自体としては目新しいことではなかった。この分析は、古典的対立の一つとしてまとめられる。すなわち、リベラルな議会民主制――国家の制約と個人の自由の擁護に基盤を置く――と、ラディカルな平等主義的民主制――集団の宗教や群衆の盲目的激情のために個人の権利を犠牲にする――とのあいだの対立である。こうして、恐怖民主制の新たな告発は、ついに集団的革命幻想をもたないようなリベラルでプラグマティックな民主制の再構築に行き着くように思えた。

しかし、こうした単純な読み方は、〔フュレの〕作戦が二段構えになっているのを忘れている。というのも、〔フュレの〕恐怖政治への批判は二重底になっているからである。いわば自由主義的な批判は、平等という全体主義的な厳格さに異議を差しはさみ、個人の自由と代表制という共和制の知恵に訴える。〔しかし〕この批判は、初めからまったく別の批判に従属していたのである。この別の批判にとって革命の過ちは、その集団主義にではなくむしろその個人主義にある。この見方に従えば、フランス革命が恐怖政治になったのは、個人の権利を軽視したためではなく、逆にそれを神聖視したためだった。このように革命を捉えはじめたのは、フランス革命直後の反革命の理論家たちであり、それが一九世紀前半のユートピア社会主義者たちに引き継がれ、一九世紀末にできたばかりの社会学によって神聖視されるようになった。この有力な読解では次のように述べられる。フランス革命は、啓蒙思想とその第一原理の帰結である。第一原理とは、単独者の個人的判断を、社会組織や集団的信念の位置にまで高める「プロテスタントの」教義のことである。君主制と貴族階級、教会をゆるやかに編みあげていた古い連帯関係を断ち切ったプロテスタント革命は、社会的結びつきを解体し、個人をアトム化した。恐怖政治は、この解体の厳密な帰結であると同時に、自然的・歴史的連帯関係だけが織りなすことのできる結びつきを、法や制度といった技巧によって創り直そうという意志の厳密な帰結でもあった。

以上の説こそ、フュレの著作が再評価したものである。フュレが示したのは、革命の恐怖政治が〈革命〉そのものと不可分だったということである。というのも、革命のドラマトゥルギー全体が、革命を可能にする深層の歴史的現実への無知に基盤を置いていたからである。それは、真の革命すなわち良俗や制度の革命が、社会の深部や君主制の機構のなかで、すでに起きていたことを知らなかったのである。したがって〈革命〉は、すでに起こっていた革命を、自覚的にやり直すという幻想でしかありえなかった。それは、崩壊した社会に想像上の一体性を与えるための恐怖政治の技巧でしかありなかった。[12]フュレの分析は、民主主義とは一体性を失った権力であるとするクロード・ルフォールのテーゼを引き合いに出している。[6]しかしそれ以上にフュレの分析は、彼に推論の素材を提供した著作に依拠している。すなわち、フランス革命の起源に存在する「思想結社」が果たした役割を告発するオーギュスタン・コシャン[13]のテーゼである。[7]フュレは、オーギュスタン・コシャンが、たんにアクション・フランセーズ支持の王党派であっただけでなく、デュルケーム社会学によって培われた精神の持ち主でもあったことを強調している。実際コシャンは、あの「個人主義」革命批判の正しい継承者だった。そしてこの批判は、反革命を通じて「自由」思想や共和派の社会学に伝えられ、革命的「全体主義」を告発する現実的基盤となっている。一九八〇年代以来フランスの知識階級《インテリゲンチャ》が公然と口にしてきた自由主義は、二重底の教えである。啓蒙思想家たちへの、また自由民主主義や個人の権利に関する英米の伝統への崇敬の背後には、社会体を引き裂く個人主義革命に対する非常にフランス的な告発が認められるのである。

このような二段構えの革命批判によって、現代の反民主主義の成り立ちが理解できる。またそれによって、ソビエト帝国崩壊後、民主主義に関する言説が逆転したことも理解できる。一方で、この帝国の瓦解は、ごく一時的には、全体主義に対する民主主義の勝利、国家の抑圧に対する個人の自由の勝利として歓迎された。その抑圧は、ソ連の反体制派やポーランドの労働者たちが持ち出した人権によって象徴されるものだった。その〔自由主義諸国における人権という〕「形式的」権利は、かつてはマルクス主義による批判の第一の標的だった。「本当の民主主義」を広めるという主張にもとづいて築かれた〔社会主義〕体制が崩壊したことは、人権の復讐を特徴づけるものであるように思えた。しかし、勝利した人権や復権した民主主義に挨拶を返すことを余儀なくされた背後で起こっていたのは、まったく逆のことだった。全体主義という概念がもはや使いものにならない以上、人権と個人の自由を保障するよき民主主義と、平等主義と集団主義を追求する悪しき民主主義という対立もまた古臭いものになったのである。人権批判は、すぐにあらゆる人権を非難するようになった。人権批判は、ハンナ・アレントをまねて自らを変化させることができた。すなわち人権とは、権利なき裸の人間の権利であるから、幻想だというわけである。人権とは、専制政体によって住居や国やあらゆる市民権を奪われた人々の幻の権利だというわけである。最近この分析の人気が復活していることは周知の通りである。一方でこの分析は、軍政下にある戦闘的な民主主義に取って代わって、権利なき人々の権利を守ると称する国々の人道的解放戦争に都合のよい口実を与えることになる。他方でこの分析は、「例外状態」こそ現代の民主主義の内実だとするジョルジョ・アガンベンの分析に着想を与えた(8)。しかしこの批判は、マルクス主義の批判をまねて自らを変化させることもできた。人権とはブルジョワ社会の利己的個人の権利であるとするマルクス主義の批判は、ソビエト帝国の瓦解や西洋の解放運動の弱体化によって、新たにどのような使い方もできるようになったのである。

すべては、この利己的個人とは誰かにかかっている。マルクスは、利己的個人ということで、生産手段の所有者、すなわち支配階級を意味した。彼らにとって人権国家は道具であった。しかし現代の叡知は、別の意味を与えている。また実際、意味をわずかにずらす一連の操作を行うだけで、利己的個人にまったく別の相貌を与えることができる。まず容易に認めていただけるであろうが、「利己的個人」を「貪欲な消費者」に置き換える。次に、この貪欲な消費者を、歴史的・社会的人間である「民主主義的人間」と同一視する。最後に、民主主義が平等を求める制度であることを思い起こせば、利己的個人とは民主主義的人間のことだと結論づけることができる。そして人権がその象徴である商取引関係を普及させることは、熱狂的な平等要求の実現以外の何ものでもなく、この平等要求が民主主義的人間に影響を与えて、国家に具現されている公益を追求する態度を失ってしまう。

例えば次のような一節に耳を傾けてみよう。それは、この著者が福祉民主主義（démocratie providentielle）と呼ぶものの支配によってわれわれが置かれることになった悲惨な現状を描いている。「医者と患者、弁護士と依頼人、司祭と信者、教師と学生、労働者と被生活保護者の関係は、サービス提供者と顧客のあいだで結ばれる根本的に平等な関係をモデルにした、平等な個人と個人のあいだの契約関係というモデルにますます近づいている。民主主義的人間は、医者や弁護士の権威を含めあらゆる権威に耐えられない。こうした権威によって、自分自身の主権が疑問視されるからである。民主主義的人間が他人と結ぶ関係には、政治的あるいは形而上学的地平が失われている。あらゆる専門職の実践が平凡なものになりつつある。（……）徐々に、医者は社会保障の雇用人に、司祭はソーシャル・ワーカーか秘蹟の配給業者になりつつある。（……）宗教的信念、生と死、ヒューマニズムあるいは政治の価値など、聖性の次元が弱まってきているからである。こうした専門職は、集団の価値に、間接的あるいは控えめな形式だとしても一つの形式を与えてきたのだが、宗教的なものであれ政治的なものであれ、集団に備わっていた超越性が底を尽いてしまったのである」(9)。

この長い哀悼は、民主主義的人間が様々な姿で作り上げてきた現代世界の状態をそのまま描いているのだと主張している。民主主義的人間の様々な姿というのは、処方箋にも秘蹟にも無関心な消費者、福祉国家からつねに現状以上のものを手に入れようとする組合活動家、自らのアイデンティティの承認を要求するエスニック・マイノリティの代表者、クォータ制[14]に賛成するフェミニスト活動家、学校を客が王様でいられるスーパーマーケットのようなものと見なしている生徒などである。しかし、大規模なショッピング・センターとリアリティ番組の時代とも言うべき現代の日常世界を描いているのだと語るこの文章の調べは、明らかにもっと遠い時代から流れてくる。この二〇〇二年におけるわれわれの日常の「描写」は、一五〇年前の『共産党宣言』の数頁にそっくりそのまま書かれているのである。ブルジョア階級は、「敬虔な法悦、騎士の情熱、町人の哀愁といった慄きを、利己的打算という氷のように冷たい水のなかに沈めた。個人の尊厳を交換価値に貶め、お墨付きを得て既得権となっていた無数の自由を、ただ一つの、非情な商業の自由に置き換えた[15]」。ブルジョア階級は、「これまで尊敬すべきものとされ、畏敬の念をもって仰ぎ見られていたすべての職業からその後光を剝ぎ取った。医者、法律家、僧侶、詩人、学者を、ブルジョア階級のお雇いの賃金労働者に変えた[16]」。

現象の記述は同じである。現代の社会学者〔D・シュナペール〕が彼女独自のものとして新しくつけ加えるのは、新しい事実ではなく、新しい解釈である。彼女にとっては、こうした事実全体に唯一の原因がある。すなわち、唯一のモデルつまり「サービス提供者と顧客のあいだで結ばれる根本的に平等な関係[10]」にもとづいて、あらゆる関係を取り扱う民主主義的人間の忍耐力のなさである。オリジナル・テクスト〔『共産党宣言』〕は次のように述べていた。ブルジョア階級は「お墨付きを得て既得権となっていた無数の自由を、ただ一つの、非情な商業の自由に置き換えた」。すなわち、ブルジョア階級が知っている唯一の平等は、商取引の平等である。この平等が立脚しているのは、粗野で恥知らずの搾取であり、労働というサービスの「提供者」とその労働力を買う「客」の関係のあいだにある、根本的な不平等である。シュナペールによって修正されたテクストは、「ブルジョア階級」を「民主主義的人間」という別の主体に置きかえる。この修正から出発すれば、搾取の支配を平等の支配に変換することも、民主主義的平等と商取引上の「等価交換」を躊躇なく同一視することもできる。改訂され修正されたマルクスのテクストは、要するにわれわれにこう述べているのである。人権の平等とは搾取関係の「平等」の翻訳であり、搾取関係の「平等」とは民主主義的人間の夢を成就した理想である、と。

したがって、民主主義の「罪」に対する告発を支えている民主主義＝無制約化＝社会という等式は、三重の操作を前提としている。第一に必要なのは、民主主義を社会の一形態に還元することである。第二に必要なのは、この社会の一形態を、平等な個人の支配と同一視することである。大量消費から組合闘争を経てマイノリティの権利要求に至るありとあらゆるごた混ぜの性質をもつものを、この概念〔平等な個人の支配〕のもとに包摂することによって。そして最後に必要なのは、民主主義と同一視される「個人主義的な大衆社会」の概念に、資本主義経済の論理に内在する無限の成長の追求という概念を付け加えることである。

このように政治的なもの、社会学的なもの、経済的なものを重ねてひとつの平面に投影することによって、民主主義を諸条件の平等だとするトクヴィル的な分析が喜んで持ち出されることになる。しかしこの参照それ自体が、『アメリカの民主政治』の非常に単純な再解釈を前提にしている。トクヴィルにとって「諸条件の平等」が意味するのは、いくつかの身分に分けられた古い社会の終焉のことであって、つねにより多くを消費しようとする貪欲な個人の支配のことではない。また彼にとって民主主義の問題とは、この新たな形態を制御するのにふさわしい制度上の形式の問題だった。トクヴィルを民主主義的専制の予言者だとし、消費社会の思想家だとするためには、二巻の大著を、新たな専制の危険性に言及した第二巻のある章の二、三段落にまで切り縮めなければならない。またトクヴィルが恐れたのは、中央集権化された国家を意のままに扱って、政治離れした大衆を支配する統率者の絶対権力であり、今日耳にたこができるほど聞かされている現代の民主主義的世論の横暴ではないことも忘れてしまわなければならないことになる。トクヴィルの民主主義分析を消費社会批判に切り縮めてしまうことは、途中でご都合主義的解釈に乗り換えなければできないことである。(11) しかしこの縮小は、とくに民主主義の政治的な姿を抹消しようとするプロセス全体の帰結である。このプロセスは、社会学的記述と哲学的判断をその都度すり替えることによって行われたのである。

このプロセスの各段階は、かなり明確に識別できる。一方で、一九八〇年代のフランスでは、ある種の社会学的文学の発展が見られた。多くの場合それは、新しい形の消費と個人の行動によって、民主主義社会と国家が堅く結託するようになった事態を歓迎する哲学者たちによって書かれたものだった。ジル・リポヴェツキー[17]の著書や論文は、その意図をかなりうまく要約している。まさにそれは、日米欧委員会報告書の著者たちの分析や、クリストファー・ラッシュ、ダニエル・ベルといった社会学者たちの分析のような悲観的分析が、大西洋の向こう側〔アメリカ〕からフランスに普及しはじめた時代だった。ダニエル・ベルが問題にしたのは、経済、政治、文化の諸領域の分離である。大衆消費の発展にともなって、文化は「自己実現」という至高の価値に支配されるようになった。この快楽主義は、資本主義産業の発展と政治的平等を同時に支えてきたピューリタン的伝統と無縁のものだった。この文化から生まれる無制限の欲望は、生産のために意に反して努力を傾けることや、民主主義国家の共通利害のために必要な犠牲を払うことと、正面から衝突するものだった[12]。リポヴェツキーや他の何人かの著者は分析によって、この悲観論に反駁しようとした。それによれば、個人的快楽の追求に立脚した大衆的消費の諸形態と、共通の規則に立脚した民主主義の諸制度との不一致について、心配する必要は少しもない。まったく逆に、消費者の自己愛《ナルシシズム》の成長そのものによって、個人の満足と集団の規則は完全に調和する。自己愛の成長は、個人と民主主義のより緊密な密着、実存的な密着をつくり出してきた。民主主義は、もはや〔個人を〕束縛する制度の問題としてだけではなく、「第二の自然、生活環境、雰囲気」となる。リポヴェツキーは次のように書いていた。「自己愛が成長するにつれて、クールにではあれ、民主主義の正統性が優位を占めるようになる。複数政党制、選挙、知る権利からなる民主主義は、セルフサービス、お試し自由、組み合わせ自由からなる個人の好みに合わせた社会とますます緊密に結びつくようになる。（……）個人生活にしか関心をもたない人々でさえ、個性化のプロセスを通じて結ばれた関係の数々によって、社会の民主主義的な働き方に関心をもち続けることになる[13]」。

　しかし、このようにアメリカ由来の批判に対抗して「民主主義的個人主義」を復権させることは、実は次のような二重の操作を行うことだった。一方でそれは、一九六〇年代から七〇年代にかけて行われた消費社会批判を埋葬することであった。当時、J・K・ガルブレイスやデイヴィッド・リースマンによって行われた「豊かさの時代」についての悲観的で批判的な分析は、ジャン・ボードリヤールのマルクス主義的な手法によってラディカルに展開されていた。ボードリヤールは、完全に市場の要求にそった「個性化」の幻想を告発し、消費が約束するものに、「不在の民主主義と見つからない平等[14]」を隠蔽する偽の平等を見出した。消費者の自己愛に価値を見出す新社会学の方は、表出された平等と不在の平等というこの対立を抹消してしまう。新社会学は、かつてボードリヤールの分析によれば罠とされたこの「個性化のプロセス」の積極性を主張する。新社会学は、かつての疎外された消費者を、商品世界のモノや記号と自由に戯れるナルシスに変身させることによって、民主主義と消費を積極的に同一視したのである。同時に新社会学は得意げに、よりラディカルな批判に対してもこの「復権した」民主主義を提示した。大衆の個人主義と民主主義の統治は調和しないという批判に反駁することは、はるかに根深い不都合を暴露することになった。それは、民主主義が、私的な楽しみと同じように選挙投票において候補者の選択を変える自己愛的消費者の統治にほかならないことを、積極的に証明することになったのである。こうして、陽気なポストモダンの社会学者たちに対して、重々しい昔風の哲学者たちが返答することになった。哲学者たちが喚起したのは、かつて古代ギリシャ人が定義したように、政治とは共に生きる術であり、公共の善の追求だということであり、またこのような術と追求の原理自体が、公共の問題と、個人生活や各家庭の利害によって動く狭量な利己的統治とに明瞭な区別をもたらすものだということであった。楽しいポストモダン民主主義という「社会学的」肖像が示したのは、消費者の個性という唯一の掟に支配された社会形態に隷属するようになる政治の荒廃であった。これに対して〔哲学者たちは〕、アリストテレス、ハンナ・アレント、レオ・シュトラウスとともに、民主主義的消費者には手の届かない政治の純粋な意味を復興しなければならなかったのである。実際上、この消費者としての個人が、昔ながらの自分たちの特権を利己的に守る賃金労働者の姿と同一視されたのはきわめて自然のことだった。おそらく、一九九五年秋のストライキやデモの際に、特権を保持する者〔賃金労働者〕に、彼らの利己的な利害関心が汚してしまった共生意識や公共的生活の成果を思い出させるためと称して広がった津波のような文献が思い出されるだろう[18]。しかし、状況に応じて変化するこうした言説の使いまわし以上に重要なのは、民主主義的人間と、消費者としての個人との同一視がしっかり定着していることである。ポストモダン社会学者たちと昔風の哲学者たちの衝突がそのことを証明している。敵対する双方が、皮肉にも『論争《デバ》』という名の雑誌によってお膳立てされた罵り合いのなかで示したのは、同じ硬貨の両面、逆から見た同じ等式にすぎなかったので、ますますこのように同一視されやすくなったのである。

こうして、まず民主主義を社会状態に切り縮める操作が行われたのである。残るのは、プロセスの第二の契機を理解することである。それは、このように定義された民主主義を、政治の領域に不当に侵食する社会状態とするだけでなく、人類学的破局つまり人類の自己破壊だとする契機である。次のこの一歩は、哲学と社会のあいだのもう一つの解決ずみのゲームを経由する必要がある。このゲームは、経過はあまり平和的ではなかったが、同じ結果に行き着くことになった。舞台は学校をめぐる論争であった。この論争の第一のコンテクストは、学校教育の失敗をめぐってのものであった。すなわち、最下層階級出身の児童に平等な機会を与える学校制度の失敗である。したがって問題は、学校における、あるいは学校による平等をどのように理解すべきかということであった。いわゆる社会学的命題が依拠したのは、ブルデューとパスロンの研究、すなわち学校による知の伝達という一見中立的な形式に隠されている社会的不平等を明らかにする作業である[19]。したがってこの命題が提案するのは、学校を、社会に守られて身を隠している砦から引きずり出すことによって、より平等なものにすることだった。すなわち学校社会の形態を変えることによって、そして文化遺産の相続と最も無縁な生徒たちに教育内容を合わせることによって。他方、いわゆる共和主義的命題は、正反対のことを主張した。すなわち、学校を、より社会のあり方に近づけること、つまり社会的不平等に合わせることである。学校が平等のために働くのは、社会から隔てる壁に守られて、様々な知のなかでも普遍的な知を、出自や社会的地位と関係なく万人に等しく伝えるという、学校本来の務めに専念できる場合だけに限られる。それは、この平等という目的のために、知る者と学ぶ者のあいだの必然的に不平等な関係という形式を行使しつつなされるのである。したがって共和主義的命題に必要だったのは、歴史的にジュール・フェリーの共和主義の学校に具体化されていた使命を再び強調することである[20]。

したがって論争は、様々な形の不平等と、様々な手段の平等を対象にしているように見えた。しかしながら、そこで使われていた用語はきわめて曖昧だった。この傾向をリードした本がジャン=クロード・ミルネールの『学校について』[21]だったことが、この両義性を物語っている。というのも、このミルネールの本は、当時、人々が読みたいと思っていたこととまったく違うことを語っていたからである。ミルネールは、普遍的なものを平等のために役立てることにはほとんど興味がなかった。彼がはるかに気にかけていたのは、知、自由そしてエリートのあいだの関係である。またミルネールが着想を得たのは、ジュール・フェリーからというよりもはるかにエルネスト・ルナンからであり、カトリックの教養に固有の専制政治におびやかされている国において様々な自由を保証している知的エリートたちについてのルナンの見解からである[15]。共和主義の教えと「社会学の」教えの対立は、実はある社会学と別の社会学の対立関係だったのである。けれども「共和主義的エリート主義」という概念によって、曖昧さを覆い隠すことができた。命題の中核が、共和主義的普遍と社会的特殊性や不平等とのたんなる差異によって覆い隠されたのである。論争が対象にしているように見えたのは、公権力がしかるべき手段を用いて社会的不平等を正すためにできること、しなければならないことは何かであった。しかし、すぐに観点が修正され、風景が変わった。スーパーマーケット文化の急激な広がりと結びついた、容赦ない無教養の広がりに対する告発が進むにつれて、悪の根源が特定されることになった。それはもちろん、民主主義的個人主義であった。その場合、共和国の学校が直面する敵は、もはや不平等社会ではなくなったのである。学校は不平等な社会から生徒を救い出さなければならないはずだった。しかし、生徒自身が、民主主義的人間の、すなわち未成熟な存在の、人権を錦の御旗にして平等を求めることに夢中の若い消費者の、この上ない代表になったのである。直ちにこう言われるだろう。学校はある害悪、唯一の害悪の被害を受けているのであり、それは学校が教育しなければならない生徒そのものに具現された〈平等〉である、と。そして教師の権威を通じて伝達されるのは、もはや知という普遍的なものではなく、「超越性」の現れとして捉えられた社会的不平等そのものである。「もはや何らかの超越性のための余地はなく、個人が絶対的価値にまで昇格させられる。そして、もし聖なる何かが残っているとすれば、それはやはり人権や民主主義を介した個人の神聖化である。(……)このようなわけで教師の権威は失墜したのである。このように平等が前面に押し出されることによって、もはや教師は普通の労働者でしかなくなる。彼の前にはユーザーがおり、教師は生徒と対等に議論しなければならない。結局、生徒は教師という審判者の前に座ることになるのだが[16]」。

こうして、平等を可能にする普遍知を無垢な魂に伝える伝達者である共和国の教師が占めることになるのは、たんに、未熟さの全面的支配のために消滅しつつある成熟した人間の代表という地位、あるいは青年の恐るべき支配を受けざるをえない世界という「高い壁」に自らの思想の「緻密さ」と「複雑さ」をもって虚しく対峙する、文明の最後の証言者という地位である。共和国の教師は、消費、平等、民主主義、あるいは未熟さの同義語である文明の大災厄の醒めた観察者になる。教師の前で「プラトンやカントに異議を唱え、『自分自身の意見』を述べる権利を要求する中高生」は、消費に陶酔する民主主義の容赦なき悪循環の代表者である。またこの高校生は文化の終焉の証人でもある

――その文化が何でもありの、「ライフスタイルのショッピング・センター化」、「世界の地中海クラブ化」、「生活全体の消費化」[17]への生成途上にある文化であれば話は別だが。すでにかなり前から「民主主義の暴走」や「友愛の害毒」[18]の新たな出現を毎週のようにわれわれに警告していた、とどまることを知らない文献の細部に立ち入る必要はない。そこで述べられていたのは、ユーザーの平等〔ユーザーとしての生徒と教師の平等〕が荒廃を生むことを証明する小学生のおかしな間違い、「若者らしい高邁さに酔った」[19]無教養な若者による反グローバリゼーションのデモ、ヒトラーでさえ夢見ることができなかったような恐るべき全体主義の証拠を示すリアリティ番組《テレ・レアリテ》の放映[20]、「民主主義的個人主義の発達と切り離せない」犠牲者を祀り上げる風潮のおかげで人種差別主義者による攻撃をでっち上げた若い女性の作り話などである[21]。あらゆる思想や文化が民主主義によって崩壊しつつあるというこうした絶え間ない告発の利点は、逆にそれを発する人間のこの上ない思想の高さと、はかり知れない文化の深さを証明する――そうした証明をしようとしてもときには直接証明することが難しいのだが――だけではない。こうした告発のおかげで、すべての現象がより根本的に同一の地平に置かれ、同一の原因に関係づけられるようになった。すべてのものを等置する「民主主義」の宿命は、実はまずあらゆる現象――社会運動、宗教上もしくは人種上の衝突、流行の影響、広告やその他の活動――に唯一の説明を与えるという方法の産物である。こうして、父祖の宗教の名においてスカーフを取ることを拒む若い女性、コーランの原理を科学の原理に対置する小学生、ユダヤ人の教師や生徒に暴行する子どもの態度が、あらゆる超越性から追放され切り離された民主主義的個人というカテゴリーに入れられることになる。そして平等に陶酔する民主主義的消費者という姿は、気分や都合によって、権利要求する賃金労働者とも、職業安定所を占拠する失業者とも、空港の待合ゾーンに押し込められた不法移住者とも同一視されうることになる。現代のイデオローグたちの最も激しい怒りを買う消費熱の代表者が、一般に最も購買力の低い人々であることに、驚く必要はない。「民主主義的個人主義」に対する告発は実際のところ、資産家の古典的命題（貧民はつねにより多くを望む）と、洗練されたエリートの命題（個人が多過ぎる、個性という特権を望む者が多過ぎる）を手軽に復活させたものだからである。こうして、〔現代の〕支配的な知的言説は、納税によって選挙権を得た学識ある一九世紀のエリートたちの考えと結びつく。すなわち、個性は、エリートにとってはよいものだが、誰もが近づけるようになると文明の災厄になるという考えである。

こうして、政治全体が、もはや唯一の対立しか知らない人間学のカテゴリーに加えられる。すなわち、このように現在の自分を作った伝統に忠実な成熟した人間と、新しく生まれ変わることを夢見て自己破壊に至る子どもっぽい人間の対立である。〔ミルネールの〕『民主主義的ヨーロッパの犯罪的傾向』が、概念上もう少し手際よく示したのは、この地滑り的な変化である。同書の「無制約社会」というテーマは、ショッピング・センターの消費者、ヴェールを取ることを拒む若い女性、子どもを欲しがる同性愛者のカップル等を「民主主義的人間」という比喩形象のなかに寄せ集める無数の文献の内容を、簡潔に要約してくれている。このテーマが要約しているのはとくに、かつては全体主義のものとされていた社会の均質性の形態と、資本の論理に固有の自己増殖の無限運動とを同時に民主主義のカテゴリーに入れる、二重の変貌である。(22) このテーマは、民主主義のダブルバインドのフランス的再読の到達点を示している。ダブルバインド理論は、よき民主主義的統治に対して、民主主義的政治生活と大衆個人主義という二重の過剰を対置した。フランス的再読は、対立項の緊張関係を打ち消してしまう。民主主義的生活様式とは、商品、マイノリティの権利、文化産業、実験室で産まれる子どもなどに無関心な消費者の、非政治的生活様式だということになる。民主主義的生活様式は、端的に「現代社会」と同一視され、同時にこの「現代社会」を均質な人間学的布置に変える。民主主義の罪科の最もラディカルな告発者が、二〇年前には共和主義的で非宗教的な学校の旗振り役だったことは、明らかに無関係ではない。事実、まさに教育問題をめぐって、共和制、民主主義、平等、社会といったいくつかの語の意味が大きくぐらついた。かつて問題だったのは、共和国の学校にふさわしい平等、そしてそれと社会的不平等との関係だった。現在問題になっているのは、民主主義的社会によってもたらされる自己破壊的傾向から救い出すべき伝達プロセスだけである。かつて伝達することが問題だったのは、知の普遍性と、その平等な力であった。今日伝達することが問題になっているのは、ミルネールにおいてはユダヤの名に要約されているが、たんに出自の原理であり、性区分の原理であり、血統の原理である。

家父長は、子どもたちに「パリサイ人の学習《うわべだけ》」を勧めることによって、子どもたちが家族のなかに社会秩序を再生産しないようにする共和主義の家庭教師の地位を占めることができる。そして民主主義の腐敗に対抗するよき統治は、もはや曖昧に民主主義という名を残しておく必要はない。それは、かつて共和制と呼ばれていた。しかし共和制とは、もともと法や人民や人民の代表による統治ではない。プラトン以来、共和制とは、個人的幸福や集団的権力へと肥大する欲望から人間の群れを守ることによって、人間の群れの再生産を滞りなく行う統治の名であった。だからこそ、共和制は、民主主義の罪科の証明を秘かにではあるが決定的に貫いているもう一つの名をもつことができる。すなわち、よき統治は、道をふさがれて民主主義という名をもつことになる前についていた名を、今日再び見出すのである。それは牧人の統治という名であった。こうして、民主主義の罪科は、牧人の忘却という原初的な場面にその起源を見出すことになる[23]。

少し以前に出版された『牧人の殺害』[24]（*Le Meurtre du pasteur*）というタイトルの本がはっきり示していたのも、まさにこのことだった。同書には異論の余地のない長所がある。同書は、『民主主義的ヨーロッパの犯罪的傾向』の著者が展開した統一性と全体性の論理を例証することによって、非宗教的な共和主義の学校の新たな擁護者たちが奇妙にも要求している「超越性」に具体的な姿を与えているのである。民主主義的個人の苦悩は、同書の教えるところによれば、一と多を調和させ、一者を全体に結びつけることのできる方法の喪失である。この方法は、どのような人間の取り決めにも根拠をもちえず、羊全体と個々の羊を同時に気遣う神たる牧人の配慮にのみ根拠をもちうる。その配慮が明らかになるのは、民主主義的な発言には永遠に欠けている力、すなわち神の声の力によってである。この力の衝撃を、火の夜に、すべてのヘブライ人が感じた。神の声を聞き、その言葉を説明し、その教えに従って民衆を組織する独占的な配慮の力が、人間の牧人たるモーセに与えられたときに。

こうして、「民主主義的人間」に固有の悪について、また血統の法に忠実な人類とそうでない人類のあいだの単純な区別について、すべて簡単に説明できるようになる。血統の法を傷つけることは、まず第一に羊とその父、神たる牧人との結びつきを傷つけることである。ベニ・レヴィ[22]の語るところによれば、近代人は、神の声の代わりに人間‐神あるいは人民‐王、あの人権をもった無制約の人間を置いた。民主主義の理論家であるクロード・ルフォールは、この人間を、空虚な場所の占有者だとした。われわれを統治するのは、「モーセに向けた声」に代わる「死んだ神に取って代わった人間」なのである。そして、この「死んだ神に取って代わった人間」は、大いなる孤児の苦悩と引き換えに「わずかな慰めの数々」を保証することによってのみ統治することができる。われわれは、民主主義、個人、消費などの支配を漠然と意味する空虚の帝国のなかをさまよい続ける刑を宣告された孤児なのである。[25]

政治あるいは失われた牧人

したがって、悪の起源がさらに昔にさかぼることを理解しておかなければならない。血統の秩序に反する民主主義の罪は、まず何よりも政治の罪である。言いかえれば端的に父なる神との結びつきなしに人間の共同体を組織することである。民主主義の名で前提にされ、告発されているのは、政治そのものである。ところで、政治は近代人の無信仰から生まれたわけではない。ショッピング・センターのカートを楽に満たせるように王の首を切り落とした近代人たち以前に、古代ギリシャ人がいる。まずこのギリシャ人たちが、神たる牧人との結びつきを断ち、哲学と政治の二重の名で、この訣別調書に記名したのである。プラトンのテクストのなかに「牧人の殺害」を読み取ることは難しくないと、ベニ・レヴィは述べる。『政治家』では、神たる牧人自身が直接人間の群れを統治していた時代が想起されている。『法律』第四巻では、再び幸福なクロノス神の治世が想起されている。クロノスは、どのような人間でも他人に命令するときは思い上がりや不公平に囚われることをよく知っていた。だからクロノスは、人間という種族に、優れた種である神々《ダイモーン》のメンバーを指導者として与えることで、問題に対処した。しかしプラトンは、心ならずも、権力は民衆のものだと主張する人々と同時代人だった。プラトンは、彼らに対して、一と全体のへだたりを超えられない「自己への配慮」を対置するしかなかったので、クロノスの支配と神の牧人を神話の時代に押し込め、そのかわりに牧人の不在を別の神話で糊塗することによって、結果として牧人への訣別に裏書きすることになったとベニ・レヴィは言うのである。別の神話とは、神が共同体のよき秩序を確固たるものにするために、統治者の魂に金を、軍人の魂に銀を、職人の魂に鉄をそれぞれ与えたという、「美しい嘘」にもとづいた「共和制」の神話である。

神の代理人に対して次の点を認めておこう。確かに政治は、群れを育てる牧人というモデルと訣別するなかで定義される。また確かにこの訣別を拒絶することも、神たる牧人やその声を解釈する人間の牧人たちのために、神の民の統治を要求することもできる。これに対して、民主主義とは、実際、「無の帝国」でしかない。これは、悲嘆の淵で、忘れられた牧人への方向転換を求める政治的訣別の最終的な姿である。この場合、すぐに議論を終わらせることができる。しかしこれを逆手にとって、どのようにして失われた牧人への回帰が、消費者としての個人からなる社会を民主主義だとするある種の分析の最終帰結として、幅を利かすようになっているのかと問うこともできる。その場合、政治が抑圧していることを探究するのではなく、逆に、民主主義を、神だけがそこからわれわれを救うことができる、度をすぎて苦悩に陥った状態だとする分析によって、政治のなかで抑圧されているものを探ることになる。したがって、プラトンのテクストが異なる視点で取り上げられることになる。すなわち、プラトンが『政治家』で述べた牧人との訣別ではなく、逆に『国家』の中心部分で牧人へのノスタルジーが残されている点であり、それが繰り返し現れることである。『国家』では牧人が、よき統治と民主主義的統治の対立を描くための参照点として使われているのである。

民主主義に対して、プラトンは二つの非難を向けている。両者は、最初対立するように見えるが、密接につながっている。一方で民主主義は、抽象的な法の支配であり、医者や牧人の配慮と対立する。牧人や医者の美徳は、二つの仕方で表される。彼らの知識は、まず暴君の欲望と対立する。というのも、その知識は彼らの配慮の対象となる人々の利益のためだけに使われるからである。しかしまた牧人や医者の知識は、民主国家

〔都市国家〕の法とも対立する。彼らの知識が、個々の信徒や患者によって示される事例にあわせて適用されるのに対して、民主主義の法は、すべてに適用可能だと主張するからである。したがって、民主主義の法は、旅行前の医者が、病気が何であるかに関係なく一度に出す処方箋に似ている。しかし、この〔民主主義の〕法の普遍性は偽装である。法において変わらないもののなかで、民主主義的人間が尊重するのは、理念の普遍性ではなく、自分の望みのための道具である。近代的な言葉で言えば、われわれは、民主主義的憲法が定める普遍的市民の下に、人間の現実の姿を、すなわち民主主義社会の利己的個人を見分けなければならないということになるだろう。

　ここに本質的な点がある。プラトンこそ、われわれが近代固有のものだと言っている社会学的読解様式を発明した最初の人間なのである。この読解は、政治的民主主義の外見の下にあるそれとは正反対の現実を、すなわち私的で利己的な人間が支配する社会の現状を炙り出す。したがって、プラトンにとって民主主義的な法とは、あらゆる集団的秩序と無関係な民衆の気分や快楽の変化を唯一の法とする、民衆の望みや個人の自由の表現にすぎない。それゆえ民主主義という言葉は、たんに悪しき統治形態や政治的生活を意味するわけではない。それが本来意味するのは、すべての秩序ある共同体の統治と対立する生のスタイルである。『国家』第八巻でプラトンがわれわれに語るところによれば、民主主義とは政治制度の一つではないような政治制度である。民主主義は政体の一つではない、というのもあらゆる種類の政体をあわせもっているからである。民主主義は複数の政体の見本市であり、快楽や権利を消費することが大きな関心事であるような人々が好きな、がらくたの寄せ集めである。しかし民主主義とはたんに、すべてを自分勝手に行う諸個人の支配ではない。民主主義とはまさに、人間社会を構造化しているすべての関係を逆転することである。統治者は被統治者のようになり、被統治者は統治者のようになる。女性は男性と対等になり、父親は子どもを対等に扱う習慣がつく。市民権をもたぬ外国からの居留民や外国人は市民と対等になる。教師は生徒たちを恐れると同時に彼らにおもねり、生徒の方は教師を馬鹿にする。若者は年長者と対等になり、年長者は若者を真似るようになる。動物でさえ自由になって、自由と尊厳に気づいた馬やロバが、道を譲らない人々にぶつかるようになる。(26)

おわかりのように、市場、そこにある雑多な商品、教師と生徒の平等、権威の失墜、若さの崇拝、男女の平等《パリテ》、マイノリティや子ども、動物の権利など、二一世紀初頭に民主主義的平等の勝利がわれわれにもたらしたとされる害悪の目録と比べて、何ひとつ欠けるものはない。ショッピング・センターと携帯電話の時代の大衆個人主義がもたらす害についての長い哀歌は、飼い馴らせない民主主義的なロバというプラトンの寓話に、二次的な現代的要素をいくつかつけ加えるだけである。

この寓話を面白がってすますこともできるが、むしろそれ以上に驚くべきなのである。われわれは、かつて民主主義が発明された場所である古代ギリシャの小村とはまったく無関係な、テクノロジーと近代国家と拡散した都市とグローバルな市場の時代に生きているのだということを、たえず思い出すのではないだろうか。そこからわれわれは、次のような結論を下したくなる。すなわち、民主主義は、真にその内容を修正しない限り、またとくに人民が権力を握るというユートピアを真に捨てない限り現代に変換できない、異なる時代の政治形態である、と。しかし、もし民主主義がこのように過去に属することなのであれば、二五〇〇年前に民主主義嫌いの人物によって行われた民主主義下の村落についての洗練された記述が、大衆消費とグローバル・ネットワークの時代の民主主義的人間の正確なポートレートとしても通用するということを、どのように理解すればよいか。古代ギリシャの民主制は、われわれの社会形態とはまったく別の社会形態に適したものだと言われる。しかしそれはその直後に、ギリシャ民主制に適していた社会が、現代社会とまったく同じ特徴をもっていることを示すためである。この根源的な差異と完全な類似という逆説的関係をどのように理解すればよいか。私はそれを説明するために次のような仮説を立てたい。すなわち、つねに民主主義的人間に合わせたポートレートを作り出すのは、政治の原理そのものにかかわる不適切さを避けるための、初めてであると同時に限りない刷新でもあるような操作によってである。〔プラトンが描いた〕たくさんの気楽な消費者、〔ロバに〕ふさがれた道、逆転した社会的役割についての滑稽な社会学は、より根源的な害悪の予感を遠ざける。それは、この言語道断な民主主義が、よき政府に従わない、悪しき政府に適した社会形態ではなく、政治の原理そのものであり、それ自身の基盤の欠如にもとづいて「よき」政府を作ることによって政治を創始する原理だという予感である。

このことを理解するために、統治する者が統治される者のように、若者が年長者のように、奴隷が主人のように、生徒が教師のように、動物が飼い主のようにふるまう、民主主義の行き過ぎを示した逆転の一覧表を再び取り上げてみよう。確かにすべてが逆転する。しかし、この無秩序はわれわれを安心させるものである。もしすべての関係が同時に逆転するのであれば、すべての関係が同じ性質＝自然をもっているということ、これらすべての逆転が同じ自然的秩序の転倒の指標であるということ、したがってこの秩序が現に存在するということ、政治的関係もまたこの秩序に属しているということが明らかになる。民主主義的な人間と社会がつくり出す無秩序についての滑稽な描写は、ものごとをしかるべき姿に戻す一つの方法なのである。すなわち、もし民主主義が、他のすべての関係を逆転するのと同様に、統治する者と統治される者の関係を逆転するのであれば、民主主義が反対推論《ア・コントラリオ》により保証するのは、統治する者と統治される者の関係が他の関係と同質だということであり、また統治する者と統治される者のあいだに識別原理があって、この原理は生み出すものと生み出されるものの関係や、先に来たものと後から来るものの関係と同じぐらい確実だということである。それは、社会秩序と統治秩序の連続性を保証する原理である。なぜなら、この原理は第一に、人間の取り決めの秩序と、自然の秩序のあいだの連続性を保証するものだからである。

この原理をアルケーと呼ぶことにしよう。ハンナ・アレントが指摘しているように、この語はギリシャ語で、始まりと同時に命令を意味する。アレントがそこから論理的に結論づけるのは、この語は古代ギリシャ人にとってこの二つの意味の一体性を意味したということである。アルケーとは、開始を告げるもの、最初に来るものによる命令である。アルケーとは、始める行為のなかに命令する権力を予測することであると同時に、命令する実践のなかに開始を告げる権力を確かめることでもある。こうして、統治の理想が定義される。すなわち、統治権力が開始を告げる原理の実現としての統治であり、その原理の正統性を実際に見せるような統治である。統治するのにふさわしいのは、彼らをその役割にふさわしいものにしている素質をもった人々であり、統治されるのにふさわしいのは、統治する者を補う素質をもった人々である。

民主主義が問題を生むのは、あるいはむしろ問題を明らかにするのは、ここである。それこそ、『法律』の第三巻のリスト[27]が明らかにしていることである。このリストは、『国家』で民主主義的人間のポートレートが示した、自然な関係が乱れた状態のリストに対応している。このアテナイ人〔プラトン〕は、あらゆる都市国家に、統治する者と統治される者、すなわちアルケーを行使する人間とアルケーの権力に従う人間がいると仮定して、都市国家や家のなかで一人ひとりが占めるべき地位の調査目録作りに専念している。資格は七つである。七つのうち四つは出生にかかわる違いとして示される。命令するのは当然、年長者や高貴な生まれの者である。親の子どもに対する権力、年長者の年少者に対する権力、主人の奴隷に対する権力、あるいは高貴な者の卑しい者に対する権力がこれにあたる。これに続くのは残る二つの原理であり、生まれではなく自然を引き合いに出すものである。それはまずピンダロス[23]が賞賛した「自然の法」であり、より強い者の弱い者に対する権力である。この資格は、最強の者をどのように定義するかという議論を確実に引き起こす。用語は非常にあいまいであるが、『ゴルギアス』では、この〔より強い者の〕権力は、学識ある者の力と同一視することによってのみ理解できると結論づけられている。ここであげられているのがまさに六番目の資格である。それは、正しく理解された自然の法を実現する権力、すなわち学識ある者の無学な者に対する権威である。これらのすべての資格は、二つの必要条件をみたしている。すなわち第一に、これらが地位の階層を規定していること。第二に、これらが自然との連続性によって階層を規定していることである。最初の四つの資格の場合、家族的・社会的諸関係を媒介にした連続性であり、後の二つの資格の場合、直接的な連続性である。前の四つの資格は、都市国家の秩序を血統の法に基礎づける。後の二つの資格は、この秩序のために上位の原理を要求する。すなわち、統治するのは、年長者や高貴な生まれの者ではまったくなく、端的に優れた者である。実は、政治はここから始まる。すなわち、統治の原理が、いまだ自然を引き合いに出しているにもかかわらず血統の原理から離れるとき、つまり部族の父や父なる神との端的な関係と混同されないような自然に依拠するようになるときである。

政治はここから始まる。しかしまた政治はここで、自らの優越性を、生まれつきの権利からだけは切り離そうとする途上で、奇妙な対象に出会うことになる。それは、優れた者も劣った者も占めることのできる第七の地位であり、資格ではないような資格であるが、それにもかかわらずこのアテナイ人〔プラトン〕によれば、われわれが最も正当だと考えているものである。それは、「神に愛される」権威という資格、すなわち偶然の神による選択、くじ引きであり、これによって数多くの平等の民が地位の分配を決める民主的手続きである。

ここにスキャンダルがある。すなわち、自分たちの生まれや年の功や知識がくじの法則に屈服しなければならないことを認められない、有徳の士にとってのスキャンダルである。また、確かにわれわれは民主主義者であることを望んでいるが、それはそのために父や牧人を殺したこと、無限に罪科を負っており、父に対して贖いえない負い目を負っていることを認める限りにおいてであるという、神の人にとってのスキャンダルでもある。ところで「第七の資格」がわれわれに示しているのは、血統の権力と手を切るために、いかなる犠牲も瀆神も必要ないということである。賽子一擲で十分なのである。スキャンダルは、たんに次の点にある。統治の資格のなかに、つながりを断ち切るような資格が、資格自身に反するような資格があるということである。つまり、七番目の資格は、資格がないことと同義なのである。ここに民主主義という語が意味する最も激しい問題がある。ここでの問題は、吼える巨獣や、高慢なロバ、欲望に導かれる個人ではない。これらのイメージが、問題の根本を隠すための手段であることが明らかになる。民主主義は、子どもや奴隷や動物の望みではない。民主主義は神の望みであり、偶然の望みであり、つまり正統性の原理としての自然そのものを破壊するような自然の望みである。民主主義の行き過ぎは、消費の熱狂のようなものとは何の関係もない。民主主義とはたんに、自然が共同体という人工物に、社会体を構造化している権力関係を通して法則を与える手段を失うことなのである。スキャンダルだというのは、統治するための資格の一つが、社会関係を秩序づけている資格とのあらゆる類推から、すなわち人間の慣習と自然の秩序とのあらゆる類推から、完全に切り離されるというスキャンダルである。それは、優越性の不在そのもの以外のいかなる原理にも根拠をもたない優越性があるというスキャンダルである。

民主主義という言葉が意味するのは、まず無原理《アナーキー》な「統治」であり、あらゆる統治の資格の不在以外に何の根拠もない統治である。しかし、この逆説を扱うには、いくつかの方法がある。統治するための資格すべてと矛盾するものだとして、たんに民主主義的資格を排除することもできる。また同様に、偶然が民主主義の原理であることを拒否することと、民主主義とくじ引きを切り離すこともできる。先に見たように、現代の専門家たちは、古代と現代の違いと類似性を交互に利用しつつ、民主主義とくじ引きを切り離している。彼らによれば、くじ引きは古い時代や、経済的にほとんど発展していない小さな村落には適していた。くじで選ばれた人々が、細かく入り組んだ歯車から出来ている現代社会を、そのあやういバランスを保つための知識をもたずに、どのようにして統治できるだろうか。われわれは、もっと民主主義に適した原理や手段を見つけた。すなわち、主権をもった人民の、そこから選ばれた人々による代理であり、人民から選ばれたエリートと、学校によって社会の動き方を知るために育成されたエリートとの共存である。

しかし、時代や規模の違いは、問題の基本ではない[28]。くじ引きが、現代の「民主主義」から見て、統治する者の確実な選択原理すべてに反しているように見えるのは、民主主義が何を意味していたのかを忘れると同時に、くじ引きがどのようなタイプの「自然」を阻止しようとしたのかを、われわれが忘れてしまったからである。逆に、くじ引きを認める立場からの問いが、プラトンの時代からモンテスキューの時代に至る共和主義的・民主主義的諸制度についての省察のなかに生き残っているのは、また貴族的共和制や、平等にほとんど関心のない思想家たちが、くじ引きに理があるとしたのは、くじ引きが、資格のない者による統治よりもゆゆしき事態であると同時に、起こる可能性の高い害悪に対する治療薬だったからである。害悪とはすなわち、ある種の能力、権謀術数によって権力を握ることに長けた人々のもつ能力による統治である。それ以来くじ引きは、おそるべき忘却作業の対象になった[29]。われわれは、当然のように、代表制の正しさや統治する者の能力を、くじ引きの恣意性や統治する者の無能の致命的危険と対立させる。しかし、くじ引きが、無能な者を有能な者よりも優遇したことは一度もない。くじ引きがわれわれにとって考えられないものになっているのは、次のような考えをきわめて当然だと見なすことに慣れているからである。これは、プラトンにとっては明らかに当然ではなかったし、二世紀前のフランスやアメリカの憲法制定議会の議員たちにとってはなおさら当然ではなかった。すなわち、権力の座を占めるのにふさわしい者の第一の資格は、権力を行使したいと望んでいることだという考えである。

したがってプラトンは、それほど簡単にくじを遠ざけることはできないことを知っていた。確かに彼は、このアテナイに由来する、神々に愛された者のための、この上なく公正な原理に言及する際、思いつく限りの皮肉を交えている。しかしそれにもかかわらず彼は、〔七つの資格の〕一覧表の中に、この資格ならざる資格を残しているのである。それはたんに、この目録作りにたずさわっているのが一人のアテナイ人であり、自らの都市国家の組織を統制している原理を調査から外せなかったからではない。それにはより根本的な二つの理由がある。第一の理由は、くじ引きという民主的手続きが、学識ある者の権力の原理と、一つの本質的な点で調和するということである。すなわち、よい統治とは、統治したいと思っていない人々の統治だと考える点である。統治するのにふさわしい者たちの一覧表から除外すべきカテゴリーがあるとすれば、それはいずれにせよ権力を奪取するために権謀術数を使う者たちである。しかし他方で、『ゴルギアス』を通じてわれわれが知っているのは、この者たちの目から見ると、哲学者自身が民主主義者のものだとした欠陥が、哲学者にもあるということである。哲学者自身も、自然な権力関係全体の転倒を具現している。哲学者とは、子どもと戯れ、若者に父や教師を軽蔑するよう教える老人であり、都市国家の高貴な家に生まれ、それゆえ都市国家を運営するために必要とされる人々が、世代から世代へと伝えてきた一切の伝統から切り離された人間のことである。哲人王には少なくとも一つ、民衆王と共通点がある。それは、何らかの神の偶然によって、その人が王になることを望んでいないにもかかわらず、その人を王としなければならないという点である。

偶然の手助けがなければ、言いかえれば統治の行使と望んで手に入れた権力の行使とを同一視することに反対するものの手助けがなければ、公正な統治はありえない。以上が、統治原理が自然的・社会的差異と切り離されるとき、すなわち政治が存在するようになるときに示される、逆説的な原理である。またこれが、「最も強い者による統治」についてのプラトンの議論の要点である。政治が、差異つまり自然的・社会的不平等の継続でもなく、権謀術数の達人たちが奪取すべき場所でもありえないとすれば、政治をどのように考えればよいか。しかし、哲学者がこの問いを自問するとき、その問いを自問するからには、民主主義が、いかなる王や牧人も殺さない、最も論理的で許し難い答をすでに用意していたはずである。すなわち、ある統治が政治であるための条件は、統治する資格の不在に基礎づけられていることだという答である。

これが、プラトンがくじ引きをリストから除外できなかった第二の理由である。この「資格ならざる資格」は、他の資格に対する逆効果を、つまり他の資格が確立してきた正統性の形式に対する疑いを生じる。確かにそれは真の統治のための資格である。というのも、それらが統治する者と統治される者のあいだの自然な階層を規定するからである。残る問題は、結局それらがどのような統治を基礎づけるのかである。高貴な生まれの者が卑しい生まれの者と区別されることが喜んで認められるとき、彼らの貴族制統治が要求されることになる。しかしプラトンは、後にアリストテレスが『政治学』で述べることを完全に理解していた。すなわち、都市国家で「最善の人々」と呼ばれる人々は、たんに最も裕福な人々のことであり、貴族制とは寡頭制つまり富の統治にほかならないということである。政治が始まるのは、実は、生まれの問題に手がつけられるときである。つまり、部族の創設者として何かの神を持ち出す高貴な人々の権力の正体が、すなわち土地所有者の権力であることが明らかになるときである。そして、アテナイ民主制の創設者であるクレイステネス[24]の改革が明らかにしたのは、まさにこのことである。クレイステネスは、地理的に離れたデーモス〔行政区〕――すなわち領土区分――を、自然に反する手続きによって人為的に組み合わせることで、アテナイの部族を再編成した。そうすることでクレイステネスは、土地の神を拠りどころとする貴族‐土地所有者‐相続人の不明瞭な権力を解体したのである。民主主義という語が意味するのは、まさにこの分離である。したがって、〔ミルネールの〕民主主義の「犯罪的傾向」への批判は、民主主義が血統秩序の切断を意味するという点についてはは正しいのである。ただこの批判が忘れているのは、まさにこの切断こそ、この批判自身が求めていることをありのままに実現するものだということである。すなわち、求めているのは統治の原理とも社会の原理とも異なる構造的ヘテロトピアである[30]。民主主義とは、政治に必要なヘテロトピアを破壊してしまうような近代の「無制約化」ではない。逆に民主主義とは、このようなヘテロトピアを創設する力であり、社会体を支配している様々な形の権威の権力を最初に制約するものである。

というのも、統治のための資格の数々が反論の余地のないものだとしても、そこからどのような共同体の統治を演繹しうるかが問題になるからである。確かに、家族のなかでは年少者に対する年長者の権力が支配しており、このモデルにもとづいた都市国家の統治を想像することができる。そうした統治を老人支配（gérontocratie）と名づければ、正しく形容することになるだろう。学校のなかでは学識のない者に対する学識のある者の権力が正しく支配しており、それに似せた権力を創設することができる。これはテクノクラシーあるいは学者支配（épistémocratie）と呼ばれるであろう。このようにして、統治のための資格にもとづいた統治の一覧表が完成される。しかし、この一覧表に唯一欠けている統治がある。それがまさに政治的な統治である。もし政治的であることが何かを意味するとすれば、父子関係の統治、年齢の統治、豊かさの統治、力の統治、学識の統治、これらすべてにつけ加えられる何かを意味する——これらの統治は、これまで家族、部族、職場、学校で通用してきたし、より幅広く複雑な形式の人間の共同体を構築するためのモデルを提案してはいるが。そこにはさらに何かが必要であり、それはプラトンによれば天に由来する権力である。しかし、天に由来するのは二種類の統治だけである。すなわち〔第一に〕、神話時代の統治、つまり人の群れを養う神たる牧人の直接支配か、クロノスに部族の指揮を任命されたダイモーンによる支配である。また〔第二に〕神の偶然による、つまり統治者のくじ引きによる統治、すなわち民主主義である。この哲学者は、真の政治を基礎づけるために、民主主義の無秩序を排除したがっているが、そうすることができるのは、都市国家の諸部族の指導者とクロノスの下僕であるダイモーンとの結びつきを断ち切った、無秩序そのものに基盤を置くことによってだけである。

　以上が問題の根本である。ものごとには自然の秩序があって、それにしたがえば集まった人間たちは統治する資格をもった人によって統治される。歴史的には、人間を統治する主な資格が二つあった。一方は人間か神の血統、すなわち生まれが優れていることによるものである。他方は社会の生産活動や再生産活動の組織化によるもの、つまり富の権力である。社会は通常この二つの力の組み合わせによって統治されている。そして力と知識が、様々な割合でこれを補強する。しかし、もし年長者が年少者だけでなく学識者や無学な人も統治しなければならないとすれば、また学識者が無学な人だけでなく金持ちや貧乏人も統治しなければならないとすれば、また学識者が有力者を従わせ、無学な人に理解させなければならないとすれば、さらに何かが必要である。それは、これらすべての統治の資格をもつ人々に共通であるだけでなく、資格をもつ人にももたない人にも共通な、補足的資格である。さて、残る唯一の資格とは、無原理《アナーキー》な資格であり、統治する資格も統治される資格もない人々に固有の資格である。

　これこそ、民主主義が第一に意味することである。民主主義はあるタイプの政体でも、ある形式の社会でもない。人民の権力とは、集結した住民の権力でも、多数派住民や労働階級の権力でもない。人民の権力とは、統治する資格も統治される資格ももたない人々に固有の権力である。多数派の専制や、巨獣の愚かさや消費者としての個人の軽薄さを告発することによって、この権力を厄介払いすることはできない。というのもその場合、政治自体を厄介払いしなければならないからである。政治が存在するのは、日常の社会関係のなかで機能している資格の数々を補う資格がある場合だけである。民主主義のスキャンダル、民主主義の本質であるくじ引きのスキャンダルは、この資格が資格の不在でしかありえないこと、社会の統治が最終的にそれ自身の偶然性にしか依拠しえないことを暴露することにある。最年長であったり、最も生まれがよかったり、最も裕福であったり、最も学識があったりするという理由で統治する人々がいる。しかじかの地位と能力の配分にもとづいた統治や権威行使のモデルがある。私がポリスという語で考えるよう提案したのは、この論理である[31]。しかし、年長者の権力が老人支配以上のものでなければならないとすれば、金持ちの権力が金権政治（ploutcratie）以上のものでなければならないとすれば、また無学な人々が学識のある人々の命令に従う必要を理解しなければならないとすれば、彼らの権力は補足的資格に立脚しているのでなければならない。それは、統治されることよりも統治することへと向かわせるような特性をまったくもっていない人々の権力である。それは政治的権力となるはずである。そして政治的権力とは、結局、統治する自然な理由をもたない人々による、統治される自然な理由をもたない人々に対する権力を意味する。最善の人々の権力は、結局のところ、平等な人々の権力によってしか正統化されえない。

これこそプラトンが、民主主義に対する激しいあるいは滑稽な異議申し立てのなかで、偶然の統治とともに出会ったパラドクスにほかならない。しかしながらプラトンは、この統治者を、偶然の幸運によってのみ地位についた特性のない人間とした以上、このパラドクスを考慮に入れなければならなかった。ホッブス、ルソー、および契約と主権をテーマとする近代のすべての思想家たちが、合意と正統性の問題を通じてそれぞれのやり方で出会ったのがこのパラドクスである。平等は虚構ではない。逆に、人の上に立つ者たちはすべて、平等を、陳腐きわまりない現実だと感じている。眠り呆けて奴隷を逃げ出すがままにしておくような主人はおらず、他の人間を殺すことができるような人間はおらず、自らの存在を正統化する必要のない、したがって不平等が機能しうるように最低限の平等を認めておこうともしない集団的力というものは存在しない。服従が正統性の原理を経由しなければならない以上、すなわち法として課せられる法や、共同体の共同性を具現するような制度が存在しなければならない以上、命令は命令する者とされる者のあいだの平等を前提としているはずである。抜け目がなくリアリストであると自認する人々は、やはり平等など愚かな人間や心優しい人間の天使のような甘い夢にすぎないと言うだろう。〔しかし〕彼らにとって不幸なことに、平等はたえずまた至るところで証明されている現実である。優位にある者が、自分が命令したり教育したりしている人々と、たとえわずかであれ「対等に」話すことがなければ、サービスが行われることも、知識が伝達されることも、権威が確立されることもない。不平等な社会が機能しうるのは、もっぱら無数の平等な関係のおかげである。不平等のなかの平等というこの錯綜した関係こそ、民主主義のスキャンダルが、この関係を共同体の権力の基盤そのものとするために、明らかにするものにほかならない。それはよく言われるように、法の平等が、自然の不平等を修正したり、和らげたりするためにあるからだけではない。それは「自然」自身が二重化するからでもある。つまり自然の不平等が、それを補うと同時にそれと矛盾する自然の平等を前提することなしには行使されないからである。すなわち、生徒が教師の言うことを理解しなければ、無学な人々が学識ある者の統治に従わなければ、〔自然の不平等は〕不可能なのである。そのために兵士や警官がいるのだと言う人がいるだろう。しかしさらに、兵士や警官も、学識ある者の命令やそれに従うことによる利益を理解しているのでなければならない。以下同様である。

これこそ、政治が獲得したことであり、民主主義が政治にもたらしたことである。政治が存在するためには、一つの例外的資格が必要である。それは、大小にかかわらず社会を「正常に」支配し、最終的に生まれや富に帰着するような資格に加えられる一つの資格である。富は無限の増大をめざすが、自分自身で自らを超える力はない。出生は、超えることができると主張するが、人間の血統から神の血統に飛躍しなければできない。それゆえ出生は、牧人の統治に根拠を与えるのである。牧人の統治は、問題を解決するが、それは政治を廃棄するという代償を払ってのことである。いつもの例外、つまり人民の権力が残る。これは住民の権力でも、多数派の権力でもなく、とるに足らない人々《ナンポルト・キ》の権力であり、統治する地位につく能力とも、統治される地位につく能力とも無関係である。したがって、政治的統治には一つの基盤がある。しかし、まさにこの基盤のせいで矛盾が生じる。すなわち政治とは、基盤の不在のなかで統治する権力の基盤なのである。国家の統治は、政治的であることによってのみ正統化される。国家の統治は、それ自体の基盤の不在に立脚することによってのみ政治的なのである。これがまさに「くじの法」だと解された民主主義が意味することである。統治不能の民主主義についてのおきまりの不満は、最終的には次のようになる。すなわち、民主主義とは、統治されるべき社会でも、社会による統治でもなく、まさにこの統治不能なものにほかならず、あらゆる統治が、結局はこの統治不能なものに根拠を置いていることを露呈せざるをえないのである。

民主主義のスキャンダルとは、たんに次のことを暴露する点にある。すなわち、人間の共同体の集合に固有の法から出発して、政治の名のもとに、統治する者の行動を正統化する唯一の共同体原理などけっして存在することはないということである。ホッブズは宮廷の権謀術数やサロンの誹謗中傷について論ずることによって人間の自然な〔＝本性的な〕非社交性を証明しようとしたが、その循環論法を告発したルソーは正しかった。しかし、ホッブズが社会にもとづいて自然を記述することによって示したのは、社交性というある種の生得的な徳に政治的共同体の起源を求めても無駄だということでもあった。起源の探求が故意に事前と事後を混同するのは、起源とはつねに事後的に到来するものだからである。よい統治の原理や、人間が自ら統治を行う理由を探究する哲学は、民主主義の後に到来する。民主主義自体も、事後的に到来する。すなわち、権威を受け入れやすい人々に権威を行使する資格をもつ人々によって共同体は統治されるものだという、時代を問わない論理が中断された後、民主主義は到来するのである。

したがって、本来民主主義という語が示すのは、社会の形態でも統治の形態でもない。「民主主義社会」とは、しかじかのよい統治の原理を支えるために描かれた、画餅でしかない。今も昔も、社会を組織しているのは寡頭制の働きである。そして厳密に言えば、民主的統治なるものは存在しない。統治は、つねに少数者から多数者に対して行使されるものである。したがって「人民の権力」は必然的に、不平等な社会とも寡頭制による統治とも無縁な異種混合体である。「人民の権力」とは、社会を社会自体から引き離すことによって、統治を統治自体から引き離すものである。したがってまた「人民の権力」は、統治を行使する者と社会を代表する者とを切り離すものでもある。

よく直接民主主義と代表制民主主義の対立に還元することによって、問題が単純化される。その場合単純に、時代の違いや、現実とユートピアの対立を利用することができる。直接民主主義は、自由民の男子全員が広場に集まることができた古代ギリシャの都市国家や中世スイスのカントン〔州〕に適したものだったと言われる。われわれの巨大国家や社会に適しているのは、代表制民主主義だけである。こうした主張の根拠はそれほど確かなものではない。一九世紀の初頭、フランスの代議士たちは、郡庁所在地に有権者全員を集めることを難しいと思っていなかった。そのためには、有権者を少数にするだけで充分であり、それはたやすいことだった。代議士を選ぶ権利を国民の最善の部分に、すなわち選挙権を得るための三〇〇フランの納税が可能な人々だけに限定するだけだった。当時バンジャマン・コンスタンは、「直接選挙だけが、真の代表による政府をつくる[32]」と述べていた。またハンナ・アレントは一九六三年においてもまだ、評議会という革命的形態のなかに真の人民の権力があると見なすことができた。そこでは、唯一真の政治的エリートが、つまり公的な問題に心を配ることに幸福を感じる人という観点から、互選で選ばれたエリートが任命されているというわけである[33]。

言いかえれば、代表制は人口増大に対処するために発明されたシステムであったことは一度もないのである。代表制は、民主主義を現代という時間と巨大な空間に適合させるための形式ではないのである。代表制とは、寡頭制の一形態、つまり公の問題に従事する資格をもった少数者の代表制だと言って差し支えない。代表制の歴史において、代表されるのはつねにまず身分、階級、財産であった。権力を行使する資格をもつと見なされるのであれ、最高権力が場合によって発言権を与えるのであれ、それはこれらによって判断されるのである。またさらに選挙も、それ自体では、人民が自分たちの声を伝えるための民主主義的形式ではない。選挙とは、そもそも、上位権力が要求する同意の表現であり、しかもこの同意が実際に同意であるのは全員一致の場合だけである[34]。民主主義を代表制による統治形態と同一視して当然だと見なす発想は、選挙制度に由来するものであるが、歴史的にはごく最近のものである。代表制は、その起源において、民主主義と正反対のものである。アメリカ革命やフランス革命の時代には、このことを知らない者はいなかった。アメリカ建国の父たちやフランスにおいて彼らに相当する者たちは、代表制を、人民の名において権力を行使する、実はエリートのための手段だと考えていた。エリートは人民に権力があることを認めざるをえないが、人民はこの〔代表制という〕統治原理そのものを崩壊させることなしにこの権力を行使できないことになる[35]。ルソーの弟子たち〔フランス革命〕の方は、この語が意味すること、すなわち特殊利害の代表を認めないことと引きかえにすることによってはじめて代表制を認めた。一般意志はけっして分割されず、代議士が代表するのは国民全体だけである。現在、「代表制民主主義」という語は冗語法に思えるかもしれない。しかし、最初この語は撞着語法だったのである。

このことが意味するのは、直接民主主義の長所を、代表制という媒介的・迂回的手段に対置しなければならないということではなく、形式的民主主義の偽装を認めず、本当の民主主義の有効性に訴えなければならないということでもない。また民主主義と代表制を同一視することも間違いなら、一方を他方の反論だとすることも間違いである。民主主義が意味するのはまさに、国家の憲法や法という法的・政治的形式は、けっして唯一の論理に立脚しているわけではないということである。「代表制民主主義」と呼ばれるもの、より正確には「議会制度」と呼ばれるもの、あるいはレーモン・アロンのように「多元主義的立憲体制」と呼ばれるものは、混合形態なのである。すなわちそれは、当初「生まれつき」のエリートの優位性に基盤を置いていたが、民主主義の闘争によって少しずつ方向をずらすようになった国家機能の形態なのである。英国における選挙制度改革闘争の血塗られた歴史が、おそらくその最高の証言なのだが、「自由」民主主義の英国的伝統という神話のせいで、素知らぬ顔で抹消されている。普通選挙権は、民主主義の当然の帰結ではまったくない。民主主義が自然な帰結を生まないのは、まさにそれが「自然」の分割であり、自然的特性と統治形態の結びつきの切断だからである。普通選挙権は、寡頭制から生まれた混合形態であり、民主主義の闘いによって方向をずらされるが、たえず寡頭制によって元に戻される。寡頭制は、選挙民がくじ引きの民であるかのようにふるまう危険をけっして排除できないとしても、候補者や時には政策の決定までを選挙民に委ねるのである。

民主主義は、法や政治の形式とけっして同一視されない。このことが意味するのは、民主主義が法や政治の形式と無関係だということではない。それが意味するのは、人民の権力がつねにそうした形式の手前にあると同時にその彼方にあるということである。手前にあるというのは、法や政治の形式が機能するためには、有能な人々の権力を基礎づけると同時に否定する無能な人々の権力に、不平等な仕組みが機能するために必要な平等に、最終的に依拠するほかないからである。彼方にあるというのは、この〔人民の〕権力を組み入れる〔法や政治の〕形式そのものが、つねに統治機構そのものの働きによって、公的なものと私的なものを区別しない、統治する資格の「自然な」論理に再び取り込まれるからである。自然との結びつきが断ち切られて、統治が、共同体の共同性の審級として、社会体の再生産に内在する権威にもとづく関係という唯一の論理から切り離された審級として、考えられざるをえなくなるとき、公的領域が存在することになる。この領域は、都市国家と政治という相反する二つの論理の、すなわち社会的に有能な人々の自然な統治と取るに足らない人々の統治の、出会いと対立の場である。あらゆる統治は、それが自然に実施されるとき、この公的領域をせばめ、公的なことがらを私的な問題だとしようとする。またそのために、非国家的アクターの介入そのものや介入の場を、私的生活の方に追いやろうとする。その際、民主主義とは、私的幸福に執着する個人の生の形式であるどころか、このような私化に対する闘争のプロセスであり、公的領域の拡大のプロセスである。公的領域を拡大することは、いわゆる自由主義的言説が主張しているように、国家が徐々に社会を浸食していくよう要求することではない。それが意味するのは、国家と社会において寡頭制の二重支配を保証している、公的なものと私的なものの配分に対して闘うことである。

公的領域の拡大は、歴史的には二つのことを意味した。〔第一に〕国法によって劣等者としての私的生活に追いやられた人々に、平等という資格と、政治的主体という資格を認識させたことである。〔第二に〕富の権力の裁量にゆだねられていた空間や関係の形式が、公的な性格をもっていることを認識させたことである。このことが意味したのはまず、有権者や被選挙権者の頭数に、都市国家の論理によって当然のようにそこから除外されてきたすべての人間を含める闘いであった。すなわち、彼らが「社会」には属さず家庭と再生産の生活にのみ属しているがゆえに、またその労働が主人や夫に属しているがゆえに、公的生活に参加する資格をもたないとされたすべての人々である。すなわち、長いあいだ主人に従属し自分の意志をもちえない召使いと見なされてきた賃金労働者たち、夫の意志に従って家族と家庭生活の世話に従事するものとされてきた女性たちである。このことはまた、選挙制度の自然な論理との闘いも意味した。この論理によって、代表制は支配的な利害の代弁者になり、選挙は合意のための装置になっていた。すなわち、公認候補〔フランス第二帝政期、政府が選挙区ごとに推薦した候補者〕や、選挙違反、候補者の事実上の独占などである。しかしこの〔公的領域の〕拡大は、私的なものだと見なされていた空間や関係性、制度などの公的性格を主張する闘いもすべて含んでいる。この闘いは、その場所や対象のゆえに、一般に社会的運動として記述されてきた。例えば賃金や労働条件をめぐる争いや、健康保険や年金の制度をめぐる闘いである。しかし、この呼称〔社会的運動〕は曖昧である。というのもこの呼称は、政治的なものと社会的なものの区分、公的なものと私的なものの区分を、実はこの区分こそ平等か不平等かという政治的な争点であるにもかかわらず、事実上所与のものとして前提にしてしまっているからである。賃金に関する闘いは、最初、賃金関係を私的なものから解放するための闘いだった。すなわち、賃金関係が主人と召使いの関係でも、二人の私的個人間で場合に応じて結ばれるたんなる契約でもなく、集団に関わることであり、したがって集団活動、公的議論、立法規則などに属する公的なことがらであると主張するための闘いである。一九世紀の労働運動が要求した「労働権」が意味するのは、まず第一に次のことである。すなわち「福祉国家」による扶助を求めること――労働権はこれと同等に扱われることが望まれていた――ではなく、私的利益を得る権利が唯一の支配原理である状態から離れた、また富の増大に向かう必然的に無限のプロセスに制限を課す、集団生活の構造として、まず労働を構築することである。

というのも、最初の〔私的なものと公的なものの〕区別がつかない状態から脱したときから、支配は〔私的なものと公的なものという〕二重バネをもった諸領域を区分する論理を介して行われるからである。一方で、支配は、公的問題の領域を社会の私的利害から切り離すよう主張する。この限りで、支配は次のように宣言する。支配が承認されるまさにその際、「人間」と「市民」の平等が関わるのは、それらと安定した法的・政治的領域との関係だけであり、また人民が主権者になるまさにその際、人民が主権者であるのはその代表者や統治者の活動のなかにおいてだけである、と。支配は、全員のものである公的なものと、各人の自由によって支配されている私的なものとを区別する。しかし、この各人の自由とは、社会に内在する諸権力を有する人々の自由であり、言いかえれば彼らの支配である。それは、富の発展法則が支配する帝国である。私的利害関心から純化されたものだと思われている公的領域は確かに、制度の働きのための、制度を動かしている人々による独占のための、限定され、私化された公的領域でもある。この二つの領域〔公的・私的〕が原理的に分離されるのは、寡頭制の法の下でよりよく結びつけられるためにほかならない。アメリカ建国の父たちやフランスの納税有権者制度の支持者たちは、経済生活や社会生活の卑小な利害を乗り越えることができる公的人間を、土地所有者の姿と同一視しているという揶揄には、実はまったく出会わなかった。したがって、民主主義運動とは、実は、限界を侵犯する二重の運動なのである。すなわち、公的人間の平等を共同生活の他の領域へ、とりわけ資本主義の富の無制限化が支配する全領域へと拡げる運動である。また、たえず私化される公共領域が、すべての人、とるに足らない人々のものであることを再度主張するための運動でもある。

数多くの注釈が加えられてきた人間と市民の二重性が作動しえたのも、まさにここにおいてである。人間と市民の二重性は、バークから、マルクスやハンナ・アレントを経てアガンベンに至る批判によって告発されてきた。批判は、次のような単純な論理の名で行われる。政治に一つではなく二つの原理が必要だとすれば、それは何らかの悪や欺瞞のせいである。二つのうちの一つは幻想である。さもなければ二つとも幻想である。バークやハンナ・アレントは、人権が空虚もしくは同語反復だという。一方で、人権は裸の人間の権利である。しかし、裸の人間、すなわち安定した国家共同体に属していない人間には、いかなる権利もない。したがって人権とは、いかなる権利もない人々の空虚な権利だということになる。他方、さもなければ人権は国家共同体に属する人間の権利である。その場合人権は、たんにこの国の市民の権利であり、権利をもつ人々の権利であり、したがって純粋な同語反復だということになる。逆にマルクスは、市民の権利に理想の領域の形成を見てとり、その現実が人間の権利にあると考えた。ここでの人間は、裸の人間ではなく、土地所有者としての人間、つまり万人に平等な権利という見せかけで、自分の利益のための法や富のための法を押しつける人間である。

この二つの立場は、本質的な点で一致している。すなわち、人間と市民の両者を、幻想と現実の対に還元しようとするプラトンから受け継いだ意図であり、政治には原理があり、それは唯一だとする傾向である。両者がともに拒絶するのは、政治の原理が、民主主義という語によって示される無‐原理的な（an-archique）代補によってのみ存在するということである。われわれは、裸の人間が権利をもっておらず、政治的主体ではないというハンナ・アレントの考えを喜んで認める。しかし、憲法条文上の市民もそれ以上に政治的主体であるわけではない。まさに政治的主体は、「人間」や住民の集合とも、憲法条文が定義する身分《アイデンティティ》とも同一視されないのである。政治的主体はつねに、身分と身分のあいだの隔たりによって定義される――この身分が、社会関係や法の上でのカテゴリーによって規定されるものだとしても。〔フランス革命当時の〕革命結社が言う「市民」とは、能動市民（すなわち選挙権取得税を払える市民）と受動市民という憲法上の対比を否定する者のことである。政治的主体としての労働者や勤労者とは、これらの語が含意する非政治的で私的な世界にとどまるという割り当てられた領域から離れる者のことである。政治的主体は、主体の様々な名前のあいだの隔たりのなかに存在する。人間と市民というのはこうした名前であり、その外延と内包がともに係争の的になる共通性の名前であり、それゆえに政治的補完作業に、すなわちどのような主体にこれらの名前が適用されるのかや、これらの名前がどのような力をもっているのかを検証する作業に適している。

こうして、人間と市民の二重性は、支配の二重の論理を組上にのせて問題にする政治的主体の形成に役立つことができた。この論理によれば、二つの領域で同じ支配をより確実に行うために公的人間が私的個人から切り離される。この〔人間と市民の〕二重性が、現実と幻想の対比と同一視されなくなるためには、再び分割されなければならない。こうして、領域と領域を分離する都市国家の論理に対して、政治活動は同じ法的テクストの異なる用法を、つまり公的人間と私的人間の二重性の異なった演出法を対置する。政治活動は、市民に対しては人間を演じ、人間に対しては市民を演じることで、用語と地位の区分をくつがえすのである。政治的呼称としての市民は、法とその原理によって定められた平等の規則を、「人間」すなわち生まれや富の権力に従う私的個人の特徴である不平等に対置する。そして逆に「人間」への言及は、万人に等しい能力を、あらゆる市民権の私化に対置する——この私化によって、市民権から住民の一部が除外されたり、市民的平等の範囲から集団生活の一領域が除外されたりするのだが。これらの語〔人間と市民〕がそれぞれ、特殊と対立する普遍の役割を、論争を引き起こすような仕方で演じるのである。また政治的存在と「剝き出しの〔裸の〕生」を対比することも、それ自体政治化することができる。

オランプ・ドゥ・グージュが、『女性および女性市民の権利宣言』の第一〇条で導入した有名な三段論法が示したのは、まさにこのことである。「女性には処刑台にのぼる権利がある。同様に、女性には演壇にのぼる権利もあるはずである」[25]。この立論は奇妙なことに、男性〔人間〕の意見表明権に関する陳述をそっくり真似た、女性の意見表明権にかんする陳述のまん中に挿入されている（「何人も、たとえ基本的な意見であっても、自分の意見のせいで不安になるようなことがあってはならない。（……）その意見表明が、法律によって定められた公の秩序を乱さない限りで」）。しかし、この奇妙さそのものが、女性は政治的意見の領域に属しているという権利要求を基礎づける、生と市民権の関係のねじれの特徴をよく示している。女性は、公的領域と私的領域の分割という名目で、市民の権利の恩恵から除外されてきた。女性は、家庭生活に、したがって特殊性の世界に属すものであるから、市民的領域の普遍性とは無縁だというわけである。オランプ・ドゥ・グージュは、刑罰を罪人の「権利」だとする命題をよりどころにして、議論をひっくり返すのである。女性に「処刑台にのぼる権利」があるとすれば、革命権力が女性に処刑台にのぼるよう命じることができるとすれば、それは彼女の裸の生そのものが政治的だからである。死刑判決を受ける平等が、家庭生活と政治生活の区別の自明性を無効にする。したがって女性は、女性および女性市民の権利を要求することができるが、この権利は代補というかたちでしか主張されえない同一の権利である。

〔権利を要求する〕女性たちは、そうすることでバークやハンナ・アレントの論証に、事実で反駁する。一方バークやアレントによれば、人間の権利とは、市民の権利つまり権利をもつ人々の権利であり、これは同語反復である。他方さもなければ市民の権利とは人間の権利である。しかし、裸の人間は権利をもたないから、市民の権利とはいかなる権利ももたない人々の権利だということになり、これは不条理である。このように論理のペンチによる仮想的な締めつけに、オランプ・ドゥ・グージュとその仲間たちは第三の可能性を入れる。すなわち、「女性および女性市民の権利」とは、もっている〔はずの〕権利をもっていない者の権利であり、同時にもっていない〔はずの〕権利をもっている者の権利である。女性は、「人権宣言」がフランス国民および人類の成員に分け隔てなく与えている権利を、恣意的に奪われている。しかし同時に女性は、法が彼女たちに拒んでいる（女性）市民の権利を、自らの活動によって行使している。こうして彼女たちが証明したのは、彼女たちに否定されている権利を確かにもっているということである。「もっている」、「もっていない」という語は二重化される語である。そして政治とはこうした二重化の作業なのである。一九五五年一二月のある日、モンゴメリー（アラバマ州）で、自分の座席ではない〔とされていた〕バスの座席に座り続けることを決意した若い黒人女性〔ロバート・パークス〕は、まさにその行為によって、「非コーカソイド」の血を一六分の一以上もっている全個人にその座席への着席を禁止した州の住民としてはもっていなかった権利を、合州国の市民としてもつことを決意したのである[36]。そして、この私的個人と運輸会社の衝突に対して、この会社のボイコットを決意したモンゴメリーの黒人たちは、人間存在と市民という二重性のなかに書き込まれている排除と包含の二重の関係を俎上にのせることによって、はっきり政治的に行動したのである。

民主主義のプロセスが含意するのは、まさにこのことである。すなわち主体の活動は、身分の隔たりに働きかけることによって、私的なものと公的なもの、普遍的なものと特殊なものの区分を再構成する。民主主義は、たんなる普遍的なものによる特殊なものの支配とはけっして同一視できない。というのも普遍的なものは、都市国家の論理に従えば、たえず私化されるものであり、国家においても社会においても機能している生まれ・富・「能力」のあいだの権力の分有にたえず立ち返るものだからである。この私化はまさに、私生活や社会という領域の特殊性と対比される公的生活の純粋さの名目で、進んで行われる。しかし、このいわゆる政治的なものの純粋さは、区分の設定の仕方の純粋さにすぎない。つまり、富の権力の社会的形態と、万人の権力の国家による様々な形の私化の関係の、所与の区分の純粋さにすぎない。論証は、それが前提にしていることを裏づけるにすぎない。〔前提にしていることとは〕すなわち、公的生活に関わることを「運命づけられた」人とそうでない人の分離であり、公的なものと私的なものの分離である。したがって民主主義のプロセスは、論争を呼ぶ形で、普遍をたえず問題にしなければならない。民主主義のプロセスとは、このような永続的な再始動のプロセスであり、公的生活の永続的私化に抵抗する、様々な形の主体化や検証の機会を創案するプロセスである。この意味で、民主主義が意味するのはまさに、政治の不純さであり、公的生活の原理を体現しているという、またそこからこの公的生活の内包と外延を画定しているという政府の思い上がりへの異議申し立てである。民主主義固有の「無制約化」があるとすれば、まさにここにある。すなわち、個人から生じる欲求や欲望の指数函数的増大にではなく、公的なものと私的なもの、政治的なものと社会的なものの境界をたえず移動させる運動である。

いわゆる共和主義イデオロギーが拒絶するのは、政治そのものに内在するこの移動にほかならない。共和主義イデオロギーは、政治的なものの領域と社会的なものの領域の厳密な境界画定を要求し、共和制をあらゆる特殊性から中立の法の統治と同一視する。こうして共和主義イデオロギーは、一九八〇年代、学校改革をめぐる論争を行ったのである。共和主義イデオロギーは、社会的差異に関わりなく全員に同じ知を伝える非宗教的な共和国の学校という、単純な教説を広めた。共和主義イデオロギーは、公的な問題である知育（instruction）すなわち知の伝達と、私的な問題である徳育（éducation）の分離を、共和主義の教義として提示した。そして、「学校の危機」の原因を社会による教育制度の侵害に求め、徳育と知育の混同を正しいものとする諸改革を提案することによってこの侵害に方便を与えた社会学者を非難した。したがって、以上のように理解された共和制は、社会的差異から中立の国家制度の中立性に体現されている平等の統治として示されると思われていた。現在、この非宗教的な共和国の学校の主要な理論家が、わが子をある宗教の聖典の学習へと駆り立てる父に体現される血統の法を、民主主義による人類の自滅を唯一阻止できるものとして示していることに驚く人もいるかもしれない。しかし、この明白な逆説がまさに、国家と社会の分離という共和主義の伝統への単純な言及に隠された曖昧さを示しているのである。

というのも共和制という語が意味するのは、たんに万人に平等な法の統治ではありえないからである。共和制とは、曖昧な用語であり、制度化された形式の政治的なもの（*le* politique）のなかに政治（*la* politique）の過剰を包含しようとする意志がはらむ緊張関係の影響を受けている。この過剰を包含することは、二つの矛盾することがらを意味する。すなわち、政治の過剰を共同体の制度のテクストや形式のなかに固定することで、この過剰に権利を与えることを意味するだけでなく、国家の法と社会の良俗を同一視することで、政治の過剰を削除することを意味する。一方で、近代の共和制は、デモスの過剰を包含する人民の意志に由来する法の統治と一体化する。しかし他方で、この包含は、一つの統整原理を必要とする。すなわち共和制には、法だけでなく共和主義的な良俗も必要なのである。したがって共和制とは、国家の制度と社会の良俗が等質的な制度である。この意味での共和制の伝統は、ルソーにもマキアヴェリにも起源をもたない。それはまさに、プラトンの国制《ポリテイア》に起源をもつのである。ところで、プラトンの国制は、法による平等の統治、すなわち等価な構成要素のあいだの「算術的」平等の統治ではない。それは、価値が高いものを低いものの上に置く幾何的平等である。その原理は、書かれた法でも万人にとって同じ法でもなく、各人や各階級に、その地位や役割にふさわしい徳を与える教育〔徳育〕なのである。このように理解された共和制は、その統一性を社会学的多様性に対置しない。というのも社会学とは、まさに社会的多様性の年代記ではないからである。逆に社会学とは、その内的な生命原理を法の抽象性に対置する、均質な社会体の洞察である。共和制と社会学は、この意味では、同じ企てにつけられた二つの名前である。すなわち、民主主義の亀裂を越えて、ある社会の生活様式と等質な政治秩序を再興することである。これこそまさにプラトンが提案していることにほかならない。すなわち、その法が死せる定式ではなく、社会の息吹きそのものであるような共同体である。〔社会の息吹とは〕すなわち、賢者たちが与える忠告、生まれつき市民の身体に内面化された動き、都市国家の舞踏合唱隊《コロス》が表明する動きである。これこそ、フランス革命後に近代社会学が提案するようになることである。すなわち、出自の権力によって組織された古い社会組織に生じた個人主義的・「プロテスタント的」な亀裂を修復することであり、民主主義的分散に対して、自然な役割や階層がうまく配分され、共通の信念によって結びついた社会体の再構築を対置することだった。

したがって、共和主義の観念は、国家による社会の制限として定義することはできない。共和主義の観念は、法と良俗の調和を、制度の体系と社会体の配置の調和を、始動させたり復活させたりする教育の働きをつねに含んでいる。この教育について、二つの考え方がある。教育はすでに社会体のなかで働いており、必要なのはそこから次のことを引き出すだけだと考える人々がいる。生まれや富の論理は「有能」なエリートを生み出し、彼らは教養を身につけて、民主主義的無秩序《アナーキー》に共和主義的尺度を押しつける時間と手段をもつようになる。これはアメリカ建国の父たちに支配的だった考え方である。また他方で、能力によるシステム自体が崩壊しており、知識によって国家と社会の調和を再構築しなければならないと考える人々もいる。フランスの第三共和政の教育計画を基礎づけていたのは、このような考え方である。しかしこの計画は、現代の「共和主義者」たちが描く単純なモデルに還元できるものではけっしてなかった。というのも、この計画が目指す戦いには二つの前線があったからである。この計画は、カトリック教会とそれが仕える君主制〔という二つ〕の権力からエリートと民衆を引き離そうとするものだった。しかし、このプログラムは、国家と社会、知育と徳育を分離する企てとはまったく一致しない。当時生まれつつあった共和制は、実際、次のような社会学のプログラムに貢献した。すなわち、革命や民主主義の亀裂を越えて、古い君主制や宗教の組織を受け継いだ、均質な社会組織を作り直すというプログラムである。それゆえ、知育と徳育の絡み合いは、共和制にとって本質的である。小学校の生徒を読み書きの世界に導く〔テクストの〕一節は、読み書きの規則を定める道徳上の価値と切り離すべきでない。

そして連鎖の他方の極〔徳育〕では、その徳を指導的エリートに与えるために、無意味な文献学的緻密さのないラテン語文献が提供してくれる文例があてにされる。

だからこそまた、共和国の学校は、二つの対立するヴィジョンに直ちに分割されるのである。ジュール・フェリーのプログラムは、知識のまとまりと民意のまとまりのあいだにあると仮定される等式に立脚している。共和制と民主主義を不可分の社会的・政治的秩序として同一視するフェリーは、コンドルセやフランス大革命の名で、最高レベルから最低レベルまで均質な教育を要求する。それゆえ初等、中等、高等教育のあいだの障壁を取り除こうとする彼の意志、学校を外に開こうとする決意――そこでの初等教育は文法規則の厳格さよりも「実物教育」の楽しさに基盤を置く――、また古典教育と同じ道に通じる近代教育への決意は、わが「共和主義者」の多くの耳にはかなり響きが悪いかもしれない[37]。いずれにせよ、当時こうした教育は、そこに民主主義による共和制の侵害を見ていた人々の敵意を引き起こした。彼らは、公立学校の二つの役割をはっきり分ける教育のために闘った。二つの役割とは、民衆にとって有用なことがらを彼らに教えること、そして民衆が功利主義に運命づけられているのに対して、それを越えて自分を高めることのできるエリートを形成することである[38]。彼らにとって、知の配分はつねに同時に、民衆をその社会的使命に適合させる「境遇《ミリュー》」と「身体」の浸透でもなければならない。絶対悪は、境遇の混同である。こうした混同の根源は、平等主義と個人主義という等しい二つの名をもつ悪徳にある。彼らによれば、「偽りの民主主義」、すなわち「個人主義的」民主主義は、文明をなだれのような害悪へと導く。アルフレッド・フイエ[26]は一九一〇年にこの害悪について記しているが、二〇〇五年にフイエの日記を読む人はそこに、性の解放や大衆消費の支配といった一九六八年五月の破滅的結果を、難なく認めるだろう。

社会主義者たちでさえその原理を適用することのある絶対個人主義が望むのは、息子たちが、家族といかなる点でも強い結びつきをもたず、一人ひとりが、天から落ちてきた、何でもできる、自分の好みに任せて行動する、いわば個人Xであることだ。人間同士を結びつけることのできるすべてのものは、個人主義的民主主義にとっては束縛の鎖のように見えるのだ。

個人主義的民主主義は、性差や性差がもたらす義務にさえ反抗し始める。なぜ女性を男性とは違ったやり方で、切り離して異なる職業のために育てるのか。男女を一緒にして、同じ制度のなか、同じ科学・歴史・地理のシチュー鍋のなかに入れ、同じ幾何学の練習問題をさせよう。万人に、また同様にあらゆる職業に門戸を開こう。(……)

性別、祖先、伝統、境遇、あらゆる種類の絆のない匿名の個人こそ、――かつてテーヌが予見していたように――偽りの民主主義的人間であり、投票し、その票が一として数えられる人間なのだ。その名がティエールであろうと、ガンベッタであろうと、テーヌであろうとパストゥールであろうと、はたまたヴァシェであろうと。個人は、最後までひとりのままにとどまるだろう。あらゆる「集団精神」もなく、時代を越えて連帯の絆をつくり出し、名誉を同じくする伝統を維持してきたすべての職業的環境もなく、その自我とともに。それは原子論的個人主義の勝利、言いかえれば数や力や策略の勝利になるだろう[39]。

なぜ個人の原子化が、数や力の勝利を意味するようになるのか、読者には依然わかりにくいかもしれない。しかしそこにこそ、「個人主義」の概念に訴えることによって行われる策略がある。このように個人主義が、集団主義や全体主義に強い嫌悪感を表明する人々に対して評判がよくないことは、容易に解ける謎である。「民主主義的個人主義」の告発者たちが熱っぽく擁護しているのは、集団一般ではない。それはある種の集団、すなわちエリートの賢明な指導によって知を社会的地位に結びつける、うまく階層化された身体・境遇・「雰囲気」を備えた集団である。そして、告発者が退けるのは個人主義ではなく、とるに足らない者が個人主義の特権を共有できる可能性である。「民主主義的個人主義」の告発とは、たんに平等への憎悪であり、それによって支配的知識人は、自分が盲目の群れを導く資格をもったエリートであることを確認するのである。

ジュール・フェリーの共和制とアルフレッド・フイエのそれを混同するのは、正しくないだろう。逆に、現代の「共和主義者」たちが、フェリーよりもフイエに近いという理解は正しい。現代の「共和主義者」たちが受け継いでいるのは、啓蒙や民衆に対する平等な知識教育という大きな夢以上に、「脱退」や「絆の解体」に対する、また伝統的秩序や集団の崩壊による社会階層や性差の致命的な混同に対する強い強迫観念である。とくに重要なのは、共和制の観念に宿る緊張関係を理解することである。共和制とは、国家と社会を均質化することによって民主主義の行き過ぎを取り除く、制度・法・良俗の体系の観念である。学校とは、それを通じて国家が同時に人間と市民の育成のための基本要素を配分するものであり、当然、この観念を実現するのにふさわしい制度として提供される。しかし、知の配分——数学やラテン語、自然科学や哲学——が、君主のための顧問官や神に仕える神学生以上に、共和制を支える市民を育成するという特段の理由はない。知の配分が社会的効果を生むのは、それが地位の（再）配分でもある限りにおいてである。したがってこの二つの配分のあいだの関係を測定するためには、もう一つの学問が必要になる。この王の学には、プラトン以来一つの名前がある。それは政治学と呼ばれている。プラトンからジュール・フェリーにいたるまで夢想されてきたように、政治学は諸学を統一し、この統一から出発して、国家と社会に共通の意志と方向性を決定するはずであった。しかしこの学問には、政治を形づくっている行き過ぎを規整するために必要な唯一のものがつねに不足することになるだろう。すなわち、平等と不平等の正しい比率の決定である。確かに、国家や政府には、寡頭政治の担い手や民主主義者にそれぞれが見たいと思う顔を見せる、あらゆる種類の制度上の手管がある。アリストテレスは『政治学』の第四巻で、この技法についていまだ乗り越えられていない理論を作り上げた。しかし、平等と不平等の正しい尺度についての知識は存在しないのである。そして、資本主義の富の無制約と、民主主義の政治の無制約の対立が突如あらわになるとき、その不在がもっとも露呈する。共和制は、正しい比率についての知識による民主主義的平等の統治であろうとする。しかし、神が魂の金・銀・銅のよき配分[27]に背くとき、この知識も背くことになる。そして知識の統治は、「生まれつきのエリート」による統治であることを運命づけられる。そこでは知的能力による社会的権力が、生まれや富による社会的権力と結びつく。そのかわりに、政治的なものの境界を移動させる民主主義的無秩序を再び引き起こすのだが。

国家と社会の均質性という共和主義の企て、そこに内在するこのような緊張関係をなくすことこそ、実は新共和主義的イデオロギーが抹消する政治そのものである。その場合、新共和主義イデオロギーが公教育と政治の純粋性を守ろうとすることは、政治を国家の領域だけに位置づけることに行き着く――国家管理者たちには、見識あるエリートの助言に従うよう求めることになるのだが。一九九〇年代の共和主義者による政治への回帰という大々的な宣言は、本質的に政府の決定を支えることに役立ち、まさにその点で世界的な資本の無制約化の要求を前にした政治的なものの抹消に署名したのである。またこの宣言は、政治の抹消に反対するすべての政治闘争に「ポピュリスト的」な後進性という烙印を押すことに役立った。その際まだ残っているのは、無邪気かつシニカルに、民主主義的個人の貪欲な欲望のために富を無制約化することであり、この貪欲な民主主義を、人類を自滅させる破局たらしめることだけだった。

憎悪の理由

今やわれわれは、冒頭の問題の用語に立ち返ることができる。われわれは「民主主義」と呼ばれる社会や国家のなかに生きており、この語によって法のない国家や宗教法による国家に統治されている社会と区別される。この「民主主義」のなかで、支配的知識人——彼らの状況は明らかに絶望的なものではない、他の法の下ではほとんど息もできないのに——が、日々、すべての人類の不幸の責任を、民主主義と呼ばれる唯一の悪のせいにしていることを、どのように理解すればよいか。

順に考えてみよう。われわれは、民主主義のなかに生きているということによって、正確には何を言わんとしているのか。厳密に考えると、民主主義は国家形態ではない。

それは、つねにこうした形態の手前にあり、かつ彼方にある。手前にあるというのは、寡頭制国家の必然的に平等主義的で必然的に忘れられている基盤としてである。彼方にあるというのは、すべての国家に見られる、公共圏を独占し非政治化しようとする傾向に逆らう公的活動としてである。あらゆる国家が寡頭制なのである。民主主義と全体主義の対立についての理論家は、進んで次の点を認めるだろう。「ある意味で、寡頭制ではない体制を考えることはできない[40]」。しかし、寡頭制は、多かれ少なかれ民主主義に余地を残し、多かれ少なかれその活動に浸食される。この意味で、様々な形の憲法と寡頭制統治の実践の数々を、多かれ少なかれ民主主義的だと呼ぶことができる。習慣的に、代表制があることが、民主主義の適切な基準だと見なされている。しかしこの制度は、それ自身不安定な妥協であり、対立する力の帰結である。この制度は、とるに足らない人《ナンポルトキ》の権力に接近する限りで民主主義に近づく。この観点から、代表制が自ら民主主義的だと宣言できる最低ラインを規定する規則を数え上げることができる。すなわち兼任不可能、再任不可能な、短期任期。法案準備の民衆の代表による独占。国家公務員が民衆の代表になることの禁止。選挙活動や選挙活動費の最低限のレベルへの縮減。経済界からの選挙プロセスへの不当干渉の規制。このような規則は法外なものではまったくなく、過去には、民衆に無分別な愛を示すことなどめったにないかなりの数の思想家や立法者がこれらの規則を、注意深く権力バランスを保証する手段として、一般意志の代表を特殊利害の代表から区別する手段として、彼らが統治のなかでも最悪のものと見なす統治を、すなわち権力好きで巧みに権力を横取りする人々の統治を避ける手段として、検証してきた。しかしながら、現在では、そうした規則を数え上げるだけで爆笑を呼ぶだろう。もちろん、われわれが民主主義と呼んでいるのは、まったく逆の国家や政府の働きである。すなわち、終身選出され、市、地方、立法、内閣など複数の公職を兼務あるいは交替し、地方の利益の代表者という根本的つながりによって住民に結びついている議員。自分自身で法を作る政府。大半がある行政学校出身者の代表者。公共企業あるいは準公共企業に天下りする閣僚やその取り巻きたち。公共工事の不正入札で資金を調達する政党。権限を求めて巨額を投資する財界人。社会への影響力を通じて、公共メディアの帝国を手に入れた民間メディア企業の経営者。要するに、国家の寡頭制と経済の寡頭制の固い結びつきによる、公的なものの買い占めである。「民主主義的個人主義」の瞑想家たちは、この公共物と公共の福祉を横領するシステムに何の文句も言わないことがわかる。事実、こうした様々な形の公職の過剰消費は、民主主義に依拠しているわけではない。われわれの「民主主義」が受けている痛みは、まず第一に、寡頭制の支配者たちの飽くことのない欲望に結びついた痛みである。

われわれは、民主主義のなかに生きているわけではない。われわれは、われわれ全員が生政治《ビオ・ポリティーク》統治の排除法則にしたがっていると見る何人かの著者たちが請けあうように、収容所のなかに生きているわけでもない。われわれは寡頭制法治国家のなかに生きているのである。言いかえれば、寡頭制の権力が、人民主権と個人の自由の二重の承認によって制限されている国家のなかに生きているのである。このタイプの国家は、その長所と同様、限界も知られている。そこでは、選挙が自由である。そこでは、本質的に選挙が、交代可能性を名目としつつ、同じ支配的人物の再生産を保証している。しかし一般的に、投票箱がいっぱいになることはなく、生命と引きかえにしてしかそれを確かめることはできない。行政は腐敗していない。数々の不正入札事件を除けば。個人の自由は尊重されている。国境警備や領土の安全保障に関わるすべてのことがらという著しい例外を除けば。報道や出版は自由である。財界の力の助けを借りずに、全国向けの新聞やTVチャンネルを創設したいと思う人は、かなりの困難を経験することになるだろうが、投獄されることはない。結社の権利、集会の権利、表現の権利によって、民主主義的生活を、言いかえれば国家領域から独立した政治生活を組織することができる。できるというのは、明らかに曖昧な言葉である。これらの自由は、寡頭制の贈り物ではない。それは、民主主義的活動によって勝ち取られたものであり、この活動によってのみその実効性を保つことができる。「人間と市民の権利」は、これらの権利にリアリティを与える人々の権利である。

楽観的な人はそこから、寡頭制の法治国家は、アリストテレスによれば、それによって悪しき統治を不可能にしよき統治に近づくのだとされるあの対立するものの幸福なバランスを実現したのだと結論する。要するに、「民主制」とは、民主主義に、自らの情熱が消えないようにするのに十分な余地を残した寡頭制だということになる。悲観的な人は議論を逆転させる。平穏な寡頭制の統治は、民主主義的情熱を私的な快楽に向け、公共の利益に気づかせない。フランスで起きていることを見たまえ、と彼らは言う。われわれは、わが国がよく統治され、そこにいることを幸せに思うように、見事に作られた憲法をもっている。すなわち、いわゆる多数派制度によって、極端な党派が排除され、「複数の政権政党」に交替で統治する手だてが与えられている。またしたがって、多数派が、言いかえれば最も強い少数派が、五年のあいだ対立なく統治することができ、安定が保証された状態で、公共の利益のために、突発的情勢や長期予想に必要なあらゆる手段をとることができる。一方でこの交替によって民主主義の変化への嗜好が満たされる。他方で、この政権政党のメンバーは、行政の専門家も出ている同じ学院で同じ勉強をしてきたのであるから[28]、彼らと同じ解決策を採用しがちである。この解決策によって、専門家の知識が、群衆《ミュルチチュード》の情熱にまさることになる。こうしてコンセンサスの文化が作られ、これによって、古い対立が破棄され、社会が遭遇する短期的・長期的問題を、感情的偏見なしに客観視することに慣れ、その解決策について知識人に尋ねることに慣れ、大きな社会的利害を代表すると見なされる人々と議論することに慣れるようになる。残念だが、この世のよいことにはすべて裏がある。すなわち、統治する心配から解放された群衆は、私的で利己的な情熱を任されることになった。群衆を構成する個人は、公共の利益に無関心になり、選挙を棄権するか、さもなければ自分たちの利害や消費者の気まぐれという観点からのみ選挙にかかわる。直接組合主義者たちは、自分たちの利益を名目にして、未来の退職制度を確立することをねらった措置に、ストやデモをぶつけている。また選挙では、個人的な気まぐれの名目で、同様に流行のパン屋が提供してくれる多様な種類のパンを選ぶのと同じように、お気に入りの候補者を選んでいる。その結果、「対立候補者」が「政権党の候補者」よりも多くの票を獲得することになっているというわけである。

この推論に多くの理由で反論することができるだろう。お決まりの「民主主義的個人主義」についての議論は、あらゆる場所と同様ここでも事実によって反論される。棄権の抑えがたい伸展が見られるというのは本当ではない。むしろ、汚職か、さもなければ同程度の無能さの証拠をさらけ出してきた、国家寡頭制の似たり寄ったりの代表者のなかから誰かを選ぶために動員されることに抗う有権者の数が増えているという、賞賛すべき市民の毅然とした態度の指標が見られるのは当然だろう。また「政権党の候補者」を非常に強く妨害しようとする民主主義的情熱は消費者の気まぐれではなく、たんに政治が、代置可能な寡頭政治家のあいだの選択以上の何かを意味するものであってほしいという願望である。しかし、この議論をその力点から捉え直してみた方がよいだろう。実際それがわれわれに語っていることは、単純で明確である。すなわち、最大の少数派に支障なく統治する権力を与え、施行すべき政策に関して多数派と反対派をつくり出す賞賛すべきシステムが、寡頭制機構そのものの機能停止に向かうということである。この機能停止を生み出すのは、二つの正統性原理のあいだの矛盾である。一方でわれわれの寡頭制法治国家は、人民主権の原理に依拠している。この観念はもちろん、原理においてもまたその適用においても曖昧である。人民主権とは、民主主義の行き過ぎを含みこむ方法であり、政治的特異性という無原理《アナーキー》的な原理——統治する資格をもたない者たちの統治——を原理《アルケー》に変える方法である。そして人民主権は、その適用を、代表制という矛盾に満ちた制度のなかに見出す。しかしこの矛盾は、対立するものの緊張関係を存在原理そのものとしていることを、完全に中止したことは一度もない。したがって、「主権をもつ人民《ピープル》」というフィクションは、統治の論理と、つねに民衆《ピープル》分割の実践である政策の実践との仲介役の役割をどうにか果たし、また憲法に書かれた人間――政府によって代表される人間、あるいは国家のなかに具体化される人間――を補う民衆を形成する役割をどうにか果たしている。われわれの政府の活力そのものが、最近まで政府外あるいは反政府的な政治活動によって養われ、支えられてきた。こうした活動によって、政治は、異なる意見だけでなく対立世界を反映した相矛盾する複数の選択肢の領域となった。今日再び問題視されているのは、この葛藤に満ちたバランスである。社会闘争と解放運動の弱体化と同様、ソヴィエト体制の長いあいだの変質と突然の崩壊によって、寡頭制の論理がもたらしたコンセンサス的ヴィジョンが定着するようになった。このヴィジョンにしたがえば、唯一の現実しかない。それはわれわれに、この現実を解釈するために選択の余地を残さず、われわれの意見や願望がどのようなものであっても、同じ答だけを採用するよう要求する。その現実は経済と呼ばれる。言いかえれば、富の権力の無制約性である。この無制約性が統治の原理をもたらすのが難しいことは先述の通りである。しかしこの問題は、少しでもそれを二つに分割することができれば解決され、この解決によって寡頭制政府に、それまでは夢想するだけだった王の学がもたらされうる。実際、富の運動の無制約化がわれわれの世界とその未来の無視できない現実として提示されるとすれば、現在を現実主義的に管理することと、国民国家のなかにある障害によって富の運動の自由な発展が抑制されていることを廃絶するという大胆な未来予想を心がける統治に帰着する。しかし逆に、この運動の発展には制約がないのだから、またそれは特定の国土上の特定の住民や住民の一部の特殊な運命にのみ関わるわけではないのだから、この国々の政府がこの富の発展を制限すること、富の制御不可能で遍在的な力を住民の利益に従わせることに帰着する。

資本の無限の拡大にあわせて国家の制限をなくすこと、資本の無限の拡大を国家の制約に従わせること、この二つの役割の結合のなかで、ついに見出された王の学の姿が規定される。平等と不平等の正しい尺度を見つけること、またこれを基盤にして民主主義を代補するのを避けること、つまり民衆《プープル》の分割を避けることは、これからも不可能だろう。逆に、統治者や専門家たちは、限界と無限なもののあいだのよいバランスを計算することができると判断している。それが近代化と呼ばれるものである。近代化とは、たんに統治を世界の厳しい現実に合わせるという単純な仕事のことではない。それは、富の原理と、新たな寡頭制の正統性を基礎づける学問の原理の結婚でもある。われわれの統治者は、必須の課題として、不可避的に起こるグローバルな動きが住民に与える局所的影響を管理することに専心している——少なくとも、権力を獲得したり維持したりするための闘いのない短い期間は。言いかえればこの管理に関係がある住民は、分割されたり姿を変えたりするのではなく、対象化可能な一つの全体をなしているのでなければならないということである。したがって、民衆の選択という原理は、疑わしいものになる。コンセンサスの論理のなかでは、民衆の選択が右の寡頭制を示すか左の寡頭制を示すかは、おそらくあまり重要でない。しかし、専門家の知識だけに依拠する解決策が、この選択に委ねられることには危険がある。その場合、われわれの統治者の権威は、対立する二つの理由づけのシステムのあいだにあると考えられる。一方でその権威は、民衆の選択の価値《ヴェルチュ》によって正統化される。他方でそれは、社会問題に対して正しい解決策を選ぶことのできる統治者の能力によって正統化される。ところでこれらのよい解決策は、選ばれるべきではなかったということから見分けられる。というのも、それらは、民衆の選択ではなく専門家の学問の対象となるような、ものごとの客観的状態の認識から生じるものだからである。

したがって、対立する原理が共存し続けられるほど分割された民衆の各部分が活動的で、学問が謙虚な時代はもはやない。寡頭制のための富と学問の同盟は、今日、全権力を要求しており、民衆がさらに分割されたり減少させられたりする可能性を考えに入れていない。しかし、諸原理から追放された関係が、あらゆる方面から戻ってきている。

寡頭制のコンセンサスに反対して、出自と家系という古い原理や、祖先の大地と血と宗教に根をもつ共同体に訴える極右諸党派や、アイデンティティを求める運動、宗教的原理主義《アンテグリスム》の飛躍のなかで、分割が戻ってきている。また、コンセンサスにもとづく秩序が健康保険や年金や労働法のシステムを問い直すために利用する、グローバル経済の必然性を拒否する多様な闘争のなかで、分割が戻ってきている。また最後に、被統治者と同様統治者に課せられる唯一の解決策が、被統治者の予測不可能な選択に委ねられるとき、選挙制度の機能そのもののなかで、分割が戻ってきている。最近のヨーロッパ国民投票が、その証拠を示した[29]。問題を国民投票に委ねた人々の考えでは、投票は西欧における「選挙」の本来の意味で理解されるはずだった。すなわち、民衆を指導する資格を認められた人々のもとに集まる民衆が、指導者に与える賛意として〈理解されるはずだった〉。国家の専門家のなかから選ばれたエリートたちが口をそろえて問題がないと言い、全員の利益に合致する既存の同意の論理に従うだけだと言っていただけに、そうなるはずだった。国民投票の最大の驚きは次の点にあった。投票者の多数が、逆に、この問題は真の問題であり、この問題は民衆の同意に属する問題ではなく、民衆の主権に属する問題であり、したがって民衆は賛成とも反対とも答えうると判断したことである。その結果は周知の通りである。またこれも周知のように、寡頭政治家たち、彼らの側に立つ有識者たち、そのイデオローグたちは、コンセンサスのあらゆるトラブルに対してと同様、この不運な出来事に対しても説明を見出した。すなわち、〔政策の拠って立つ〕学識がその正統性を民衆に押しつけることができないのは、民衆の無知のせいだというのである。進歩が進まないのは、遅れた人たちのせいだというわけである。有識者全員によって詩篇の詠唱のように繰り返される一つの語が、この説明を要約している。すなわち「ポピュリズム」という説明である。彼らは、民主主義の主張に依拠するものであれ、人種的・宗教的狂信に依拠するものであれ、あらゆる形の支配的コンセンサスからの離脱を、この一語によってまとめたがっているのである。またこれらが形づくる全体に、唯一の原理を与えたがっているのである。すなわち、知恵の遅れた人間たちの無知であり、社会的特権であれ革命の理想であれ祖先の宗教であれ、何であれ過去への執着を示すものである。ポピュリズムというのは、民衆の正統性と学識の正統性のあいだで激化する矛盾を覆い隠し、学識の統治が民主主義の発現やさらには代表制という混合形態に順応することの難しさを覆い隠すのに都合のよい名称である。この名称は、寡頭制の念願とするところを隠すと同時に暴露する。すなわち、民衆なしに、言いかえれば民衆の分割なしに統治すること、政治なしに統治することである。またこの名称は、学識の統治が古いアポリアを追い払うことを可能にする。すなわち、どのようにして学識は、学識を理解しない人々を統治できるかというアポリアである。このおなじみの問いは、より現代的な問いに出会う。すなわち、エキスパートの統治が、富の無制約化がもたらす善と、富の制約がもたらす善のあいだで、鍵を握っていると言明している尺度は、正確にはどのように規定されるかという問いである。言いかえれば、政治を清算しようとする二つの意志、つまり資本家の富の無制約化要求からくる意志と、国民国家の寡頭制管理からくる意志の結合は、王の学のなかで、厳密にはどのように遂行されるのかという問いである。

というのも、この二つの意志に多様な動機がありそれを定式化することが不確かなななかで、「グローバリゼーション」への批判、あるいはわが国の〈社会〉保護システムを〈グローバリゼーションに〉適合させることへの抵抗、グローバリゼーションの強制に対して社会を整備することへの抵抗、〈EUという〉超国家制度への拒絶などが、同じ弱点を突いているからである。すなわち、こうした適合が行われる名目上の必然性は、厳密にはどの必然性かという点である。資本の拡大や投資家の利害に、数学に依拠した独自の法則があることは、喜んで認めよう。これらの法則が、国家がめぐらす社会的法体系によって定められた限界と矛盾することも、同様に明らかである。しかしそれらが、反論しても無益な不可避の歴史的法則であるということや、こうした〈社会〉保護システムを犠牲にするに価するほど将来の世代に繁栄を約束するものであるということは、もはや学問の問題ではなく信念の問題である。最も強硬な完全自由放任主義の支持者は、よく、自然資源の保護が自由競争のゲームによって調和的に解決されることを何とかして証明しようとする。また、ある種の労働法を柔軟に適用することによって、中期的には雇用を削減するよりも創出するということは、統計的比較によって立証しうるとしても、つねにより迅速な収益を要求する資本の自由流通が人類全体をよりよい未来に導く摂理とも言うべき法則であると証明することは、それよりも難しい。そこには信念が必要である。民衆が非難されている「無知」は、たんなる信念の欠如なのである。実際、かつて歴史的な信念が強制収容所を変えた。今日、信念は、政権担当者とそのエキスパートの専有物であるように思える。それは信念が、彼らの最も深い強迫観念、寡頭制統治にとって自然な強迫観念を促進するからである。すなわち、民衆と政治を追放するという強迫観念である。われわれの政府は、自分たちはたんに世界的・歴史的必然のローカルな結果を管理する者にすぎないと言明しながら、民主主義の代補を追放することに専念している。われわれの政府は、それ自体国家ではなく、いかなる民衆にも責任を負わない〔EUという〕超国家制度を創り出すことによって、彼らの実践そのものに内在する目的を実現している。すなわち、政治的なことがらを、非政治化し、民主的な論争の場を創出する余地を残さない、非‐場であるような場所に位置づけることである。こうして、国家とそのエキスパートは、静かに互いの意見に耳を傾けることができる。〔ヨーロッパ憲法の批准拒否という〕周知の不運に見舞われている「ヨーロッパ建設」が、この論理をかなりよく例証している。その可決に乗り気だった政党の一つは、いいスローガンを見つけたと思っていた。「自由主義に憲法はいらない」というポスターを貼ったのである。この政党にとって不幸なことに、これは本当のことを述べていた。「自由主義」は――言葉を代えて本来の名前で呼ぶなら――資本主義は、さほど憲法を必要としないのである。[41] 資本主義が機能するためには、憲法秩序が「歪みのない競争」にもとづくものであることを、言いかえれば資本の自由で無制約の流通にもとづくものであることを自ら言明する必要はない。資本主義のためには、流通を機能させるだけで十分である。資本と公共の利益の神秘的結婚は、資本にとっては無用なのである。その結婚はまず次のような目的の役に立ち、次に寡頭制国家の役に立つ。すなわち、国家と国家のあいだに間隙をつくり出すことによって、国家や民衆の正統性が隷属させられている状態を解放するという目的である。

避けがたい歴史的必然とは、実は、一方で富の無制約な拡大、他方で寡頭制権力の拡大という二つの固有の必然性の結びつきにすぎない。というのも、ヨーロッパ空間あるいは世界空間における国民国家の弱体化が前提にされているが、それは見せかけの見通しだからである。グローバル資本主義と国民国家のあいだの新たな権力の分有は、国家の弱体化というよりもはるかに強化へと向かっている。(42)資本の自由流通の要求を前にして自分たちの特権を譲り渡す同じ国家が、職を求める地球上の貧しい人々の自由流通に国境を閉ざすためには、ただちにその特権を再発見するのである。また「福祉国家」に対して布告された戦争が、これと同じ両義性を示している。この戦争は、手短かに、相互扶助の終焉、個人の責任と市民社会の主導権の回復だと紹介されている。労働者の民主的闘争から生まれ、組合員の代表によって管理あるいは共同管理される互助と連帯の制度を、四方に手を広げた父権主義国家の行き過ぎた贈りものだととらえるふりがなされている。そしてこの神話的国家と闘いつつ、まさに非国家的な連帯制度が攻撃されている——この制度は、政府のエリートの権限や能力とは別の、公共のものや共通の未来を引き受ける権限や能力の教育と訓練の場でもあったのだが。その結果は、個人の健康と生活に直接責任をもつようになる国家の強化であった。福祉国家（Welfare State）の諸制度と闘っている同じ国家が、長期間植物状態にある女性の栄養チューブを繋ぎ直させるために動員されるのである。[30]いわゆる福祉国家の解消は、国家の撤退ではない。それは、資本主義的な保険の論理と直接的な国家管理のあいだにあって、両者を媒介する制度と機能の再配分である。国家の援助と個人の自発行動を単純に比較することは、そのプロセスとそれが引き起こす葛藤に関する二つの政治的争点を隠蔽するのに役立つ。すなわち、利害の論理を逃れるような物質的社会生活について様々な形の組織が存在すること、また有識者の統治の独占を逃れるような集団的利害についての討論の場が存在することである。この二つの争点が、一九九五年秋のフランスのストライキ[31]の際にどれほど問題になったかは、よく知られている。スト中の個々の組合の利害や、政府の財政見通しを超えて、この「社会」運動が民主主義的運動であることを明らかにするものだった。というのも、この運動は中心に根本的な政治問題を据えていたからである。すなわち、個人と集団の関係、現在と未来の関係を判断する、「無能な者」、とるに足らない人《ナンポルト・キ》の能力という問題である。

それゆえ、政治的なものと社会的なものの区別についての「共和主義的な」繰り言とまったく同じように、共通利害を特権的組合の復古的なエゴイズムに対置したこの運動は、不発におわったのである。政治的運動とはつねに、個人的なものと集団的なものの与えられた区別、政治的なものと社会的なものの公認の境界を、乱すような運動なのである。寡頭制とその〔御用〕学者は、場と権限の配分を固定化するための企てのなかで、そのことを体験し続けてきた。しかし、寡頭制の障害になることは、民主主義の闘いにとっての難問でもある。政治運動とは、つねに境界をずらす運動であり、社会のある点における特殊な利害対立から、厳密な意味での政治的・普遍的要素を抽出する運動だというときは、すなわちその運動がつねにそこに閉じこめられたままになるおそれがあるということであり、実は毎回特異な闘争のなかで特定のグループの利害を守るだけになるおそれがあるということである。この永続的な与件は、対決の主導権を握るのが寡頭制であるとき、寡頭制が主権国家と「権力なき」国家という二つの顔で主導権を握るとき、また寡頭制がかつては分散した闘争に共通の希望の地平を与えていたあの歴史の必然性を味方につけるとき、重いものになる。つねにしかじかの闘争の正統性を議論することはできるが、そのたびにこの正統性を他の闘争の正統性と結びつけることや、それらの意味と行動が収斂する民主主義的空間を構築することの難しさを経験する。公共サービスや、労働法体系、失業保険制度や退職年金制度を守るために闘う人々は、たとえ彼らの闘いが特定の利害を超えているとしても、国家空間で閉じた闘争を行っているという理由で、また彼らが国家に自分たちの閉域を守ってくれるよう懇願することによって国家を強める闘争を行っているという理由で、つねに非難されることになる。逆に、もはや民主主義運動はこうした枠組みを超えていると主張し、こうした守りの闘争にノマド的群衆《マルチチュード》の国家横断的主張を対置する人々は、国家間制度の構築のために、国家寡頭制と金融寡頭制の同盟関係が保証されている領土外の場の構築のために闘うことになる。

こうした寡頭制の障壁と民主主義の難問によって、知識人たちがなぜ民主主義に反対して怒りを表明しているのかが理解できる。この怒りは、フランスにおいてとくに顕著である。フランスには、自ら宣言している知識人のグループが存在し、このグループには、メディアのなかでの地位によって、同時代の現象に毎日規則正しい解釈を与えるという点で、また支配的世論を構築するという点で、よそでは見られないような権力が与えられている。六八年の後に、どれほどこの権力が際立っていたかは周知の通りである。当時、世論の支配層は、運動によって動揺し、その運動の理解によって彼らが手にしていた知的道具が挑戦を受け、時代の当惑させられるような新しさや仄暗い社会の奥底で何が起きているのかを解釈してくれる人物を探して、熱に浮かされたように自分の姿を見つめていた[43]。一九八一年に社会党が政権についたことによって、世論形成におけるこうしたオピニオンリーダーの重要性がさらに増した。奪取すべき議席数では野心が満たされないオピニオンリーダーがいたとしても。また、政治家が彼らの命題に興味を示したにもかかわらず具体的手段には移されないオピニオンリーダーがいたとしても。以後このグループはこの位置にこだわり、支配的世論形成の一翼を担わされ、メディアには露出するものの政府の決定に影響を与えることはなく、処遇の点では厚遇されるものの上品なあるいは下劣な野心を抱いていると見なされることによって、馬鹿にされている。

この補助的役割に甘んじている者もいる。彼らは定期的に、起こっていること、それについて考えなければならないことを、世論に説明するよう求められ、支配的な知的コンセンサスの形成に、自分たちの学識を提供する。彼らは、そのために学識や進歩主義的信念など何も捨てる必要がないだけに、たやすくそうすることができるのである。コンセンサスの中心観念は、実は、グローバルな経済動向が、歴史的必然性を証明しているということであり、この必然性にうまく適応しなければならず、それを否定できるのは古めかしい利害関係と時代遅れのイデオロギーの代表者たちだけだということである。ところで、これはまた、彼らの信念と学識を基礎づけている中心観念でもある。彼らは進歩を信じているのである。彼らは、かつて社会主義による世界革命を先導したとき、歴史の動きを信頼していた。彼らは、市場の世界的勝利を先導している今、やはり歴史の動きを信頼しているのである。歴史が間違ったとしても、それは彼らの誤りではない。それゆえ彼らは、現在の状況においても動揺することなく、かつて学んだ教えに精力を注ぐことができるのである。ものごとの動きが合理的であること、進歩が進歩主義的であること、時代遅れの者たちだけがそれに反対していることを証明すること。逆に、進歩の前進が、同時に前進を遅らせようとする遅れた者たちを過去に追いやり続けるのだということを示すこと。こうしたマルクス主義による歴史の説明の基本原理が、「近代化」の難問に見事に適用される。彼らは、一九九五年秋のストライキの際、知的世論の大部分がジュペ内閣を支持したことを正統化し、それ以来、新たな古めかしさを生み出し続け、不可避の近代化を遅らせている古い特権に対する告発を忘れることなく促進してきた。この告発を駆り立てている中心概念、つまりポピュリズムの概念は、それ自体、レーニンの武器庫から借りたものである。この概念によって、歴史的必然の名で行われる脱政治化に反対するすべての闘争を、遅れた住民の一部あるいは時代遅れのイデオロギーの出現として解釈することができるのである。しかし、将来も遅れた人間がいる以上、彼らの遅れを説明するための進んだ人間が必要であろう。進歩主義者はこの連帯を意識しており、したがって彼らの反民主主義は穏健だということがわかる。

あまりこの立場に甘んじていない人もいる。彼らにとって、進歩主義者の信念は素朴すぎ、コンセンサスは平和主義的すぎる。彼らも、マルクス主義の手ほどきを受けている。しかし、彼らのマルクス主義は、歴史や生産力の発展を信奉するマルクス主義ではない。それは、理論的に、ものごとの裏側――イデオロギーの表面下にある構造の真理、あるいは法律や民主主義という外見の下にある搾取の真理――を暴く批判的マルクス主義であった。それは、実践的には、対立する階級、対立する世界のマルクス主義であり、歴史を二分する切断のマルクス主義であった。したがって彼らは、マルクス主義が彼らの期待を裏切ったことが、悪しき歴史、中断しない歴史が、統治を押しつけてくることよりも耐え難いのである。この点で、西欧における最後の炎だった六八年に対して、彼らの熱狂はルサンチマンに変わった。しかしながら彼らは、兆候の読解、告発、切断という三つの着想を捨てなかった。彼らは告発の標的を移し、一時的切断に変えただけである。ある意味で彼らが批判するのはつねに同じものである。すなわち、消費の支配とは、商品の支配ではないとすれば何か。無制約化の原理とは資本主義の原理ではないか。しかし、ルサンチマンは機械を逆転させ、原因・結果の論理を逆転させる。かつて個人の行動を説明するのはグローバルな支配のシステムであった。当時、賢明な人々は、宝くじと家電製品の誘惑にとらわれているプロレタリアートを、彼らに夢を与えつつ搾取するシステムにだまされている犠牲者として哀れんだ。しかし、告発が要求するところがマルクス主義の切断によって完遂されなかったせいで、この告発が逆転した。すなわち個人は、グローバルな支配システムの犠牲者ではない。個人にこそ責任があり、個人こそが消費の「民主主義的専制」に支配を許しているのである。資本増大の法則、商品が要求する生産と流通の形式は、たんにそれを消費する人々、とくに最小限の消費手段しかもっていない人々の欠点の結果だということになった。資本主義の利潤法則が世界を支配しているのは、民主主義的な人間が、並はずれた、飽くことを知らない、商品と人権とTV番組をむさぼる存在だからである。新たな預言者たちがこの支配に文句をいっていないというのは本当である。彼らは、金融寡頭制にも、国家寡頭制にも文句をいっていない。彼らが文句をいうのは、まずそれらを告発している人々に対してである。このことは容易に理解できる。経済システムや国家システムを告発することは、それを変えるよう要求することである。しかし、自分たちの欲望に見合うものが与えられていないと文句をつける民主主義的人間でないとすれば、これらのシステムを変えるよう要求する可能性があるのは、誰か。したがって、論理を貫徹させなければならない。システムの欠点は、それが生を支配している個人の悪であるだけではない。最もとがめられるべき欠点の典型は、このシステムを変えたいと望む人々であり、彼らの欠点を徹底させるために、ありうべき変化の幻想を振りまく人々である。飽くことなき民主主義的消費者とは、すぐれて、金融寡頭制や国家寡頭制の支配に反対する消費者のことである。周知のように、六八年五月の再解釈について大きな議論があった。それは歴史家や社会学者たちによって無限に繰り返され、成功した小説家たちによって例証された。すなわち、六八年の運動は、性的自由と新しい生き方に飢えた若者の運動にすぎなかったというわけである。若さと自由の欲望は、定義上、自分たちが望んでいることも、していることもわからないので、宣言したことの逆を、しかし追い求めてきたことの真理を生み出した。つまり資本主義の刷新であり、つねにより深く個人の胸中に入り込む無制約の市場の支配に対立してきた家族、学校、その他すべての構造の破壊である。

政治が完全に忘却されることによって、民主主義という語は、もはやその名で呼びたくないと思われている支配システムを示すための婉曲語法になると同時に、この消された名前の代わりにくる悪魔的な主体の名前になる。すなわちこの支配のシステムに服する個人とそれを告発する個人を混合した主体である。論争によって作られる民主主義的人間のモンタージュ写真には、次のような複合的特徴がある。ポップコーン、リアリティ番組、セーフセックス、社会保障、差異への権利、反資本主義あるいは〈もう一つのグローバリズム〉の幻想にとりつかれた、愚かな若い消費者。この若者によって告発者たちは、自分たちに必要なものを手に入れる。すなわち決定的な罪を犯した絶対的罪人である。それは軽犯罪者ではなく重罪人であり、告発者たちが甘受している市場の帝国の原因であるだけでなく、文明と人類の破滅の原因でもある。

こうして、新しい形式の商品広告、その法則に反対する人々の示威行動、「差異の尊重」の心地よさ、新しい形式の人種的憎悪、宗教的狂信、聖なるものの喪失などを混ぜ合わせた、〔民主主義を〕呪詛する者たちの支配が定着する。あらゆることとその反対のことが、人類を破滅へと導く、民主主義的個人の致命的な示威行動だということになる——呪詛者たちはこの破滅を嘆いているが、嘆くべきでなかったとさらに嘆いているだろう。この不吉な個人について、彼は啓蒙の文明を死に至らしめると同時にその遺作を完成すること、彼は共同体的であると同時に共同体を欠いていること、彼は家族の価値の感覚やそれに違反する感覚を失っていることが証明される。人間は神を超えることはできない、自由は放縦ではない、平和は人間の性格をやわらげる、正義への意志はテロルに通じるといった、古い教訓的なテーマが、地獄の硫黄色で、また冒瀆的な言葉で描き直される。サドの名前でキリスト教的価値への回帰を求める人もいる。アメリカの福音主義者の立場をパンク風に擁護しようとして、ニーチェ、レオン・ブロワ[32]、ギ・ドゥボールを結婚させる人もいる。〔反ユダヤ主義で知られる小説家〕セリーヌの崇拝者が、反ユダヤ主義者狩りの最前列に置かれる。反ユダヤ主義者といっても、たんに自分たちと同じように考えない人々を意味しているのだが。

　呪詛する者のうちの何人かは、くだらない楽しみに飢えたくだらない男女による「思想に対する日々の犯罪」(44)という一節を繰り返し合唱することで、〔彼らが〕辛辣な明晰さや飼い馴らされない孤独を有しているという評価を得ることで満足している。また別の呪詛する者にとって、それはまだ民主主義に責任を帰すべきあまりにもくだらない罪である。これら呪詛する者に必要なのは、民主主義による本当の罪であり、あるいはむしろ唯一の罪、絶対的な罪である。また彼らに必要なのは、歴史の流れの真の切断、言いかえれば歴史のもう一つの意味であり、切断のなかで実現される現代の運命である。したがって、ソヴィエト体制の崩壊の際、ヨーロッパ・ユダヤ人の絶滅が、歴史を二分する出来事として〈社会革命〉の地位に取って代わった。しかしそれがその地位を占めるためには、その真の実行者から責任を取り除いてやらなければならなかった。実はそこにパラドクスがある。すなわち、ヨーロッパ・ユダヤ人の絶滅を近代史における中心的な出来事だとしようとする者にとって、ナチ・イデオロギーは十分な原因ではなかった。というのもそれは反動的イデオロギーであり、当時の歴史の近代的動向を特徴づけているように見えたもの——啓蒙合理主義、人権、民主主義、社会主義——と対立していたからである。ナチの民族大虐殺《ジェノサイド》を、それ自身民主主義の破局の継承者であるロシア強制収容所に対する、防衛的反作用だとするエーリッヒ・ノルテ[33]の命題は、問題を解決しない。実際、呪詛する者たちは、ナチズム、民主主義、近代、民族大虐殺という四つの語を直接結びつけたがっているのである。しかし、ナチズムを民主主義の直接的実現だとすることは、「プロテスタント個人主義」のなかに民主主義のしたがって全体主義的テロリズムの原因を見る古い反革命的論証という間接的手段によっても、微妙な証明である。

また、ガス室を、ハイデッガーによって近代の宿命だとされたあの技術の本質の具体化だとすることは、ハイデッガーを「よい」者の側に置くためには十分であるが、やはりまだ問題を解決していない。時代遅れの狂信のために近代的・合理的手段を使うこともできるからである。したがって、合理主義を働かせるためには、ラディカルな解決に向かう必要がある。すなわち、各部品の調節を妨げている語を、要するにナチズムを取り除くことである。ナチズムは、そのプロセスの終わりに、無性化した人間のための人工生殖という民主主義的人間の夢を実現するために、民主主義的人間から内部の敵つまり血統の法則に忠実な人々〔ユダヤ人〕を取り除くことによって、民主主義的人間の勝利のために働く見えざる手になる。現在の人工授精の研究から、ユダヤ人虐殺の理由を回顧的に演繹することができる。あの虐殺から、民主主義という名称につながるすべてのことは、唯一の罪の無限の継続にほかならないと演繹することができる。

民主主義を人類に対する終わることのない罪だとするこの告発に、妥当な帰結がないことは確かである。再発見された超越性の影で再興されたエリートの統治を夢見る人々は、「民主主義」の現状に全体として甘んじている。また彼らは、この状態に異議を唱える「とるに足らない人々」を主な標的にしているので、彼らの退廃への呪詛は、最後には進歩主義者たちの叱責の声に加わることになる——プラトンの民主的都市国家でロバや馬が道をふさいでいたように、進歩の道筋を妨害するとるに足らない人々の強情な気質と闘う、管理者たる寡頭政治家を支えるための叱責である。呪詛する者たちは、どれほど彼らの意見の相違《ディセンサス》が根源的であることを望んだとしても、どれほど彼らの言説が黙示論的だとしても、コンセンサス的秩序の論理に従っている。すなわち、国家秩序の型式と社会生活の形式、生き方と価値体系の総体を唯一の全体にまとめて、民主主義というシニフィアンを不明瞭な観念にする論理である。たとえその論理が、公式言説が取り入れている両面性を極限にまで押し進めることになるとしても、また他方で文明の民主主義的腐敗を告発しつつ行われる〔アメリカの〕福音主義的金権政治の軍事行動を、民主主義文明の名で支持することになるとしても。現代の知識人の反民主主義的言説は、国家寡頭制と経済寡頭制が努力してきた合意《コンセンサス》による民主主義の忘却を完成する。

したがって、民主主義への新たな憎悪は、ある意味で、この語に影響を与えている様々な混同の一つでしかない。この憎悪は、「民主主義」という語をイデオロギーを操る因子とすることによって、合意の上での混同を倍加させる――この操作因子は、社会を構造化している様々な形の支配を否認する一方で、公的生活の諸問題を「社会現象」とすることによって脱政治化する。この憎悪は、民主主義をある形式の社会と混同することによって、国家寡頭制の支配を隠蔽し、経済的寡頭制の帝国をもっぱら「民主主義的個人」の欲望と同一視することによって、その支配を隠蔽する。こうして民主主義への憎悪は、不平等の拡大現象を、冗談ではなく、「条件の平等」の有害で不可逆的な勝利のせいにすることができ、寡頭制の企てにイデオロギー的面目を与えることができる。すなわち、民主主義とは全体主義であるから、民主主義と闘わなければならないというわけである。

しかしこの混同は、修正すればすむような語の不当な使い方ではない。語がものごとを混乱させるのに役立つのは、語についての闘いがものごとについての闘いと切り離せないからである。民主主義という語は、統治形態や社会形式を客観的基準で区別しようとしたどこかの学者によって作り出された語ではない。逆に、この語は、平等な人間が集まってできた権力がまとまりのない騒がしい烏合の衆の混合でしかありえなかったこと、それが自然秩序におけるカオスの社会秩序における等価物であったことを主張するために、不明瞭な語として発明された語である。民主主義が何を意味するかを理解することは、この語のなかで行われている闘いを理解することである。すなわち、この語に与えることのできる怒りや無視の語調だけでなく、もっと深く、この語が可能にするあるいはこの語に対して可能な意味のずれや反転である。わが国の知識人が、拡大する不平等が明らかになりつつあるなかで、平等の災禍に憤慨して、目新しくもない言い回しを使っている。すでに一九世紀には、納税有権者の君主制あるいは独裁帝国の下で、法律上フランスのエリートは――二〇万人に減らされるか、あるいはあらゆる個人的・公的自由を制限する法律や法令《デクレ》に従っていたが――社会を突き動かす「民主主義の奔流」に激しくおびえていた。彼らは、公的生活では禁じられていた民主主義が、安い布地、乗合馬車、ボート遊び、写生、若い婦人の新しい礼儀、作家たちの新しい文体等のなかでは勝利するのを見た(45)。この点でエリートたちは、それ以上の改革者ではなかった。厳格な統治形態としての民主主義と、寛容主義的な社会形態としての民主主義という二重の意味をこの語に与えることが、プラトンが民主主義への憎悪を合理化した最初の方法なのである。

この合理化は、先に見たように、たんなる貴族主義的な気分の表明ではない。この合理化は、生意気な子どもや強情なロバにさえぎられた道よりも手ごわい、無秩序や不明瞭さを避けるのに役立つ。すなわち、最善もしくは最高の生まれの人々の自然な権力という明白な事態が威信をはぎ取られたときに見えてくる、統治する者と統治される者との第一の不明瞭さである。また、集まった人々の政治体制に、まさに肩書きがないわけではないとしても、特別な肩書きがないことである。民主主義とはまず、この政治の逆説的条件である。すなわちあらゆる正統性がその最終的正統性の欠如に直面し、不平等な偶然そのものを支える平等な偶然に直面する地点である。

したがって、民主主義は憎悪をかきたて続けざるをえない。またしたがって、この憎悪はつねに偽装して示される。すなわち、プラトンの時代におけるロバや馬を笑いたくなる気分、ベネトンのキャンペーンに対する猛烈な誹謗中傷、あるいは疲弊した第五共和政の『ロフト・ストーリー』の放映。このような滑稽なあるいは辛辣な仮面の下で、憎悪にはさらに真剣な対象がある。それは、不平等そのものの許しがたい平等主義的条件を対象にしているのである。したがってわれわれは、敵を失った後の民主主義の憂慮すべき状況について論じてきた職業的社会学者や気まぐれ社会学者を安心させることができる(46)。民主主義は、このような〔敵のいない〕快適さの不安に直面しようとはしていない。「とるに足らない人々《ナンポルト・キ》の統治」は、出生、財産、学識といった、人々の統治に提示すべき資格のあるすべての人からの果てしない憎悪を運命づけられている。これは今日、かつてないほどラディカルになっている。なぜなら、社会的な富の権力が、もはやその無限の増大に足かせをつけることを許さないからであり、またその権限が国家活動の権限と、日ごとにより緊密につながるようになっているからである。偽ヨーロッパ憲法が、反対推論《ア・コントラリオ》から次のことを証明している。すなわち、われわれはもはや、寡頭制の憲法に断固たる「民衆の権力」を書きこむための学問的・法的な構築の時代にはいない。今日あの政治的なもの（*le* politique）や政治学（*la* politique）という比喩形象は、過去のものである。国家権力と富の権力は、金と人口の唯一の流れの科学的管理に結びつきつつある。国家権力と富の権力は一致して、政治的空間を縮小することに専念している。しかし、これらの空間を縮小すること、「とるに足らない人々の統治」における政治的なものの許し難いが必要不可欠な基盤を抹消することは、別の戦場を開くことであり、生まれと血統の権力が新しくかつラディカルになった姿で再生してくるのを見ることである。もはや昔の君主制権力や貴族制権力ではなく、神の民の権力。イスラム原理主義が、寡頭制法治国家と同一視される民主主義に対して行うテロのなかで、この権力は剝き出しの姿を明らかにすることができた。この権力は、テロに対する戦争において、民主主義の名で、寡頭制国家を支えることができる。この民主主義は、アメリカの福音主義者たちによって、聖書の命令に従い、財産を守るために武器をとる家父長の自由と同一視されている。わが国では、この権力は、民主主義の堕落に対して、血統の原理を守ることとして示されている。この原理を曖昧な一般性に委ねる人もいるが、モーセによって神の言葉を告げられた民の法とためらうことなく同一視する人もいる。

コーランの名による民主主義の破壊、十戒の履行と同一視される民主主義の戦争への拡大、神の牧人の殺害と同一視される民主主義への憎悪。これらすべての現代の比喩形象には、少なくとも一つの利点がある。これらの比喩形象が民主主義に対してあるいは民主主義の名で示す憎悪を通して、またこれらの比喩形象が民主主義の観念をまとめている混合物を通して、われわれは民主主義固有の特異な力を再発見せざるをえないという点である。民主主義とは、寡頭制が民衆の名で支配することを許す統治形態でも、商品の権力が支配する社会形態でもない。民主主義とは、たえず寡頭制政権から公的生活の独占権を奪い取り、富から生活の絶対権力を奪い取る活動である。民主主義とは一つの力であり、現在かつてないほど、これらの権力を唯一の支配法則のなかに混合することと闘わなければならない。民主主義の特異性を再発見することは、その孤立を意識することでもある。長いあいだ民主主義の要求は、現行社会のただ中で要素が形成されるような新しい社会の観念によってもたらされるものであり、そこに含まれるものだった。それが「社会主義」の意味したことだった。すなわち一つの歴史のヴィジョンであり、それによれば資本主義的形式の生産と交換が、すでに平等社会とその世界規模への拡大の実質的条件になっていたことになる。現在でも、共産主義やマルチチュードの民主主義の希望を支えているのは、このヴィジョンである。それによれば、ますます非物質的になってきている資本主義的生産の形態、コミュニケーションの世界への集中化によって、今後新しいタイプの「生産者」の遊牧民《ノマド》が形成されることになる。またそれによって、帝国の障壁を爆砕するのに適した集団的知性、集団的思考力、感情、身体運動が形づくられることになる(47)。〔しかし〕民主主義が意味するところを理解することは、このような信念を諦めることである。支配制度によって生み出された集団的知性は、絶対にこの制度の知性でしかない。不平等社会の胎内には、いかなる平等社会も宿らない。平等社会とは、特異で一時的な行為の数々を通じて、いまここで示される平等主義的諸関係の全体でしかない。民主主義は、富の権力を手助けしたりそれに立ち向かったりしている血統の権力との関係と同様、富の権力との関係のなかであらわになる。民主主義は、いかなるモノの本性にも基礎づけられず、いかなる制度的形式によっても保証されない。民主主義は、いかなる歴史的必然によってももたらされず、いかなる歴史的必然ももたらさない。民主主義は、それ自身の活動の不変性にのみ依存する。思考の権威を行使することに慣れている人々にとっては、ここには恐怖を引き起こす原因が、したがって憎悪を引き起こす原因がある。しかし、知性の平等な力を〈とるに足らない人々〉と共有することのできる人々においては、逆に、勇気を、したがって喜びを引き起こすことができる。

デモクラシー、不合意、コミュニケーション［1］

コンセンサスとは

この演題は物議を醸して当然でしょう。実際、このように定式化することによって私は、「デモクラシー」、「コミュニケーション」、「コンセンサス」という三つの語を同一視する今日支配的な傾向を問い直そうとしているのです。デモクラシーは、今日、何によりもまずある状態を示す名詞です。観念や形式としてのデモクラシー〔民主主義〕よりも、現行の国家制度としてのデモクラシー〔民主制〕の方が話題にのぼります。デモクラシーを規定するのは、様々な形の市民参加を保証し、権力の限界を定めている法的構造だけではありません。これらの国家はますます、共同体に共通するものの象徴的構造化——コンセンサスという語はこのことを表しています——によって特徴づけられるようになっています。コンセンサスという語は、一見すると、私たちの社会はもはや構造化をもたらす分割という様態では示すことができず、内戦や社会戦争といった対立を超えたところに位置するということを意味します。私たちの社会は様々な集団の集まりとして現れるのです。この集団の利害は、客観化されうる共通利害の要求との関係で、対立しあうと同時に、交渉が可能でもあります。したがって、デモクラシーとは、国家と社会の間のある種の関係を意味します。この関係においては、国家は何よりもまず社会に関する知の処理を行う一つの審級です。国家は、共同体の利害や、その共同体が置かれている世界の状態、またその世界の状態と共通利害が、対立する諸利害の間の交渉に与える余地、その交渉が保証すべきバランスに、知識を専念させるものと考えられています。コンセンサス国家は専門家の知を社会に集中させ、社会の代表者たちとの交渉を組織します。そのためには国家はこの知の明証性が、つまり論議可能で交渉可能なものを定める境界の明証性が分有されるものとなるよう、粘り強くコミュニケーションの作業に従事しなければなりません。コンセンサス国家はますます、学校の教師として、専門家の知を一般に普及させ、国家の提示する解決だけが、現実のデータにもとづいているという理由から、唯一可能なものであると説明する国家になりつつあるのです。専門家による査定、協議、コミュニケーション、交渉は民主主義国家と呼ばれるこれらコンセンサス国家のスローガンです。

これらのスローガンは、言語は客観化する機能を持ち、共同体の根拠には言語があるとする考え方に大きく準拠しています。諸階級の分離とその間の闘争という考えにもとづく共同体観が種々あります。このような見方にコンセンサスの哲学が対置するのは、政治的共同体を言語の一連の手続きに根拠づける見方です。この言語の手続き自身、政治的共同体の原理と言語のコミュニケーション原理の間に根本的適合性があるという考え方に準拠しています。コンセンサスの哲学は、政治的共同体の根拠を、ある特定のあり方の言語の合理性に、あるいは人間の本質によって人間性や言語能力と政治的能力とを同一視することができるという考え方に置きます。コンセンサスの哲学とは、様々な活動領域と結びついた諸利害を媒介し、各々の利害に特有な合理性の諸形式を普遍化するのに適したコミュニケーション的合理性という、ハーバーマス的な考え方かもしれません。ジョン・ロールズの手続き理論による社会契約モデルの再論かもしれません。あるいはただ単に、説明し議論するという言語能力を授かった動物であるゆえに人間を政治的動物と見なすアリストテレスの定義に頼ることかもしれません。

私のねらいは、デモクラシー、コンセンサス、コミュニケーション言語の間のこの支配的な関係を問い直すことです。デモクラシーとは国家の呼称ではなく、あらゆる国家論理の代補（supplément）だということ、この代補によって政治は政治として制定されるのだということを示そうと思います。政治は言語という〔人間に〕共通の本質から演繹されるのではなく、専ら言語の実践の只中で生じる分割からのみ演繹されるということをまず示そうと思います。私が不合意（dissensus）あるいは不和（mésentente）と名づけるのはこの分割のことです。そしてさらに不合意は政治の論理そのものであるということを示そうと思います。その結果、政治的デモクラシーの本質として今日大いにもてはやされているコンセンサスは、実は政治的デモクラシーの消失という事態である、ということになるかもしれません。

アリストテレスの定義——感性的なものの分有

さて私は、言語、政治性、デモクラシーの関係を検討してみることにしたのですが、そうするために、契約に関する近代の様々な理論、あるいはコミュニケーションに関する現代の諸理論以前の定式化にまで遡ろうと思います。それは人間性、言語能力、政治的能力の関係をめぐって、その核心を衝いた理論的な定式化です。その定式化は、アリストテレスの二つの有名な定式のうちに要約されているように思います。一番目の定式は、『政治学』第一篇に見出せるものですが、人間という動物の政治的本性の根拠を言語の保有に求めます。なぜなら言語のおかげで人間は、有用なものと有害なもの、つまり正しいものと不正なものについての感情を共通のものとすることができるからです。正と不正を明らかにし、そのことについて議論することを可能にする言語と、快と苦の感情を表明するのに役立つにすぎない動物の鳴き声とを、アリストテレスは対置します[2]。二番目の定式は、同じ『政治学』の第四篇に見出されるものですが、政治的主体、つまり市民を、命令することと命令されることに与る〔分け前をもつ〕(avoir part) 主体として規定します。

この二番目の定式は、政治的関係の謎を集約的に表現しています。「与る」とは、実のところどういう事態を指すのでしょうか。いかにして命令する人の立場と命令される人の立場に等しく与ることができるのでしょうか。普通に考えるなら、論理的には動作主 (agent) の立場か被動作主 (patient) の立場かのどちらかでしかありえません。おそらく次のように答えられるでしょう。「与る」とはこれこれの立場にあるということを意味しない。そうではなく、その立場にありうるということを意味する、と。統治される者にとっては統治者の立場に就く能力を、統治者にとってはいつでも統治される者の立場に戻る可能性を示すのだ、と。しかしこのように答えても問題は解決しません。実のところ、正反対の立場を等しく占めうる能力とはどういうものなのでしょうか。活動を行う素質とその影響を受ける素質という、正反対で相互補完的な二つの素質からこれら二つの二つの素質からこれら二つの立場が帰結すると普通に考えるなら、上述のような能力はどうしてもそのような考え方と相容れないものでしょう。

つまるところ、政治的相互補完性をそれ自身の上に根拠づけるのは難しいように思われます。言語交換というモデルが助けをもたらしてくれるのはここです。言語交換においては言葉の受信者が発信者と対称的な立場を占めます。言語行為は受信者においても対称的な能力を想定することなくしては意味をなしません。したがって、状態を表明するだけの鳴き声ではなく、交換の相互性のうちでしか行使されない分有された能力を含意する言語を持つ人間であることが、当然、相反する二つの立場に関与する市民の原則であるということになりそうです。こうして、政治的動物という定義から、統治しつつ統治される市民という定義が容易に帰結します。話す力は万人が平等に保有する属性であり、各人はこの属性のおかげで他人の立場に立つことができるのです。他人の立場に立つ〔他人の代わりをする〕とは、第一義的には他人を理解すること、他人の言表行為と論法が意味を得るような場所に身を置いて考えることです。第二義的には他人と立場を交換できるということ、主権者の役割と主権が行使される者の役割の両方を等しく果たすことができるということです。

こうして見ると、ある言表の意味を理解する、平等な発話者の共同体に参与する、政治的共同体に参与する、という三つの事象の間で、演繹は直線的になされるように思えます。ハーバーマスのコミュニケーション的理性の理論も、このように演繹は直線的になされるという考え方に立脚しています。つまり、言語交換をするということは、相互理解（対話）という目的《テロス》が支配する力学に自らの言表を従わせることだという考え方です。他人の言葉を聞く（entendre）感覚器官の能力と他人が言うことを理解する（comprendre）知的能力、そして他人の立場に立つ能力――自分自身の言表を、他人の立場から、あたかも他人の言表であるかのように判断する能力――とは直線でつなぐことができそうです。つまるところ、言語を聞く能力はそれ自身、言語能力を共有する人々の間の了解（entente）という目的をもっていることになります。言語を聞く能力は、行為遂行的矛盾に陥って、自分自身の言説が根拠づけられているはずの言語装置（dispositif langagier）を破壊しない限り、発話者各自が順応しなければならない普遍化という原則をもつことになります。

しかしこのような解決策は提示されるや否や崩れ去ってしまいます。直線〔に思えた演繹〕は、直線ではありません。文の意味を理解する適性を平等に持つとしても、それによって平等な発話者からなるいかなる共同体も生み出されません。アリストテレスは、このことを現代人よりもはっきりと示してくれています。共同体に根拠を与えるのは、立場の相互性ではなく、分有された何か、つまり正と不正を伝える能力なのです。言語を介する共同体とは、〔動物がもつ〕たんなる快苦の感覚から区別される、この感情の共同体なのです。たんに発信者と受信者の立場を交換する能力があるというだけでは、発話者が平等であるとは言えません。アリストテレスのように奴隷制社会で生きる者にとっては、事態は明白です。奴隷は主人が命令するのに用いる文を正確に理解しなければなりません。さもなければ命令そのものが行使されえないでしょう。しかし、この〔言語能力における〕平等が必要だとしても、だからといって奴隷が政治的共同体に参与する存在であるということにはもちろんなりません。それどころか奴隷は、言語能力を有する者の共同体に参与していることにさえならないのです。アリストテレスが言うには、奴隷が言語能力に与るのは理解の様態においてであって、保有の様態においてではありません。奴隷は言語を理解するけれども、言語を保有してはいないのです。したがって、話すことは話すことと同じではなく、聞く〔＝了解する〕ことは聞くことと同じではないのです。話したり聞いたりすることでは、共同体に「与ること」を定義できません。逆に、話したり聞いたりすることは、共同体に「与ること」を前提にしています。〔つまり〕何らかの正、不正を前提にしています。話すことは、単語やメッセージと同時に、ある種の感性的な正義を、ある種の立場の配分を伝達することなのです。私は、感性的な差異を使って共有しているものに対する能力や無能力を登録しているこの立場の配分を、「感性的なものの分割＝共有（partage du sensible）」と呼ぶよう提案します。フランス語の「分有（partage）」は両義的な語であり、共同性（communauté）と同時に分割（séparation）をも規定しています。つまり、〔共同性とは〕万人が同じものの分け前に与ることであり、〔分割とは〕各人が分け前の配分に応じて各自の立場に固定されていることを指します。感性的なものの分有とは、その人ができることをその人が何であるかに応じて、またその人が何であるかをその人ができることに応じて循環的に定義する、具体的かつ象徴的な共通世界の区分《デクパージュ》のことなのです。感性的なものの分有とは、たんに主人と奴隷、領主と自由平民、統治者と被統治者をしかるべき立場に置くものではありません。感性的なものの分有によって、何よりもまず、感性的な世界の諸形式そのものがしかるべき場所に配置されるのであり、その形式を通して、立場が目に見えるものとなり、言説が聞き取れるものとなり、能力や無能力が明白なものになるのです。感性的なものの分有によって、共通の対象として目に見えるものと、見えないもの、筋道のたった言葉として聞き取れるものと、苦痛のうめき声としか聞き取れないものとが規定されます。その規定は、目に見えるものと見えないものの分有、言葉とたんなる鳴き声の分有を規定することによってなされるのです。

バランシュの寓話

つまり、一方で分け前は能力から直線的に演繹されるものではないということです。なぜなら能力そのものがつねに係争的な（litigieux）ものであり、つねになんらかの「正義」、「不正義」によって規定されるものだからです。例えば、人間の言葉と動物の鳴き声との区別もそれ自体つねに係争的なものです。区別の基準となる物理的な明証を特定するのは、ある種の感性的なものの分有なのです。まず問うべきなのは、他人が語ることを理解するかどうかではなく、他人の口から発せられる声を理解すべき言葉として了解するかどうか、なのです。拙著『不和あるいは了解なき了解』の中で私は、この論点をフランス人作家バランシュから借用した寓話を例に引いて説明しました。この寓話はローマ史の中でも最も有名な挿話の一つ、「プレブス（平民）のアウェンティーヌスの丘での離脱」をバランシュがリライトしたものです。バランシュの物語では、対立全体が一つの問題、すなわち平民たちは言葉を話すかどうかという問題にかかっています。平民たちは、自分たちの権利を認める条約を求めていました。パトリキ（血統貴族）たちは、それは不可能だと返答しました。実際、条約を結ぶことは、言葉を与える（言質を与える〕（engager sa parole）ことを意味します。しかし持っているものしか与えることはできません。ところで平民たちは言葉を持たないのです。貴族の中に平民が話すのを確かに聞いたと請け合う者がいました。しかし他の貴族たちの応えは、彼は錯覚に陥っていたというものでした。平民に言葉を話す能力はない、なぜなら彼らは言葉を話さないのだから。平民は言葉を話さない、なぜなら彼らには言葉を話す能力がないのだから。平民の口をついて出るのは「わめき声のようなもの」で、欲求の徴《しるし》ではあって、知性の現れではない。平民は名も無い存在であり、たんなる生殖に運命づけられた存在なのだ〔という応えです〕。貴族のうちの一人が平民たちに向かってこう言いました。あなたがたの不幸は存在しないということだ。言葉を話す存在だけが、本来の意味で存在すると言えるのだ。言葉を話す存在者のうちでもある名、ある伝統を伝える者だけが存在するのだ、と。この挿話はたんに血統貴族の見方を明らかにするものではありません。それは感性的なものの分有そのものを、人々の互いの立場を固定する感取可能な「正義」を明らかにするものです。平民たちは、自分たちが言うことを了解させるには、まずは自分たちが言葉を話すということを理解させなければなりません。そして自分たちが言葉を話すということを了解させるには、別の感性的世界を形づくらなければなりません。彼らもまた言葉を話す存在であることを示さなければなりません。自分たちに名前をつけ、誓いの言葉を述べ、神託を下さなければなりません。平民たちは、言葉を話さない人々——象徴体系の外にある人々——が、実は言葉を話す存在であること、つまり共有しているものを象徴しうる存在であることを明らかにするような象徴的場面を、違反によって作り出さなければならないのです。

バランシュの寓話は極端な作り話です。しかし、この極端な作り話によって政治が立脚する対話（interlocution）の構造が明らかになると私は思います。政治は人間という動物の言語能力から帰結するものではありません。この能力は共通のものですが、いかなる形の共同体もそこから直接に導き出されません。言語的平等が働くのは、言葉を話す人と話さない人、言葉とたんなる音と〔の違い〕を明らかにする感性的なものの分有のただ中においてなのです。実際のところ、問題は、血統貴族が平民の言うことを聞く〔了解する〕のを拒否していることではありません。血統貴族が、平民を話す存在だと思っていないということが問題なのです。貴族たちの知覚がその中で働いている感性的なものの分有によっては、名も無い存在を言葉を話す存在だと知覚しうるいかなる余地も示されません。それゆえ、コミュニケーション的理性の図式は機能しえないのです。血統貴族の立場には「行為遂行的矛盾」はありません。行為遂行的矛盾が存在しうるのは、対話の場面がすでに設定されている場合だけであり、討論する双方がすでに少なくとも話す存在として共通のことがらを討議するのだと互いに認めあっている場合だけです。しかし、貴族たちは平民たちにこの種のいかなる共通性も認めません。討議の舞台も、その対象も、その主体も見ないのです。このような拒否は、行為遂行的矛盾ではなく、二つの世界の感性的な異質性に属するものです。平民たちの方は、自分たちの大義を立論するだけではいけないのです。自分たちの立論が、立論となりうるような舞台を作り出さなければならないのです。その舞台の上で、貴族たちが見ようとしない対象を見えるようにし、貴族たちが耳を貸そうとしない主題に耳を傾けさせなければならないのです。一つの共通性〔共同体〕を創設し、そのような共通性の存在を否定する者たちさえもそこに含みこまねばならないのです。言いかえれば、平民こそが、言葉とたんなる音のあいだ、現行秩序の正義と、苦しみ不満をいだく動物たちの反乱のあいだの純粋に外在的関係しかない世界のなかに、分有された言葉と正義の舞台を置くという、行為遂行的矛盾を積極的に作り出さなければならないのです。

不和あるいは不合意

私が不和あるいは不合意（dissensus）の状態と呼ぶのは、このような状態です。フランス語で「不和（mésentente）」という語は、了解しあうことなく了解しあっているというこの状況を示します。正確に言えば、「不和」は了解することと了解することのあいだの分裂を示します。つまり、何らかの感性的なものの分有を通してしか、感覚器官による了解＝聴取（entente）と言語能力による知的理解は効果をもたないということです。不和は、様々な形式を取りえます。それは、いかなる形式の同意《アコール》もないまま、他人の言説を聞くという状況です。他人が物音を立てているとしか思わず、その物音を言葉だとは認めなかったり、あるいはその逆に、言葉のやりとりをする関係を作ったのに、相手があなたの言葉を認めるのを拒んだりすることがあります。この種のあらゆる状況において、話すということが二重化しています。それが不合意の状況です。不合意は、諸利害や諸観念、諸価値のあいだに生じる対立ではありません。それは感性的なもののなかに持ち込まれた二重化を、複数の感性的なものの分有のあいだに生じる対立を意味します。

私の命題は、人間が政治的動物であるのは、不合意という形式でのみだ、というものです。換言すれば、不合意が政治の原理であるということです。不合意は、多少なりとも乱暴な、あるいは洗練された形式を取りえます。言葉を話すとは思われていない平民たちのケースは、極端なフィクションに見えるかもしれません。しかしながらこのフィクションは、今でも私たちにとって近いものである、非常に長い歴史をまとめたものに他なりません。人類の大多数に、つまり労働者や女性たちに政治的存在としての資質を拒むには、彼らが家や仕事場という薄暗い世界に所属していることを確認すれば事足りたという伝統があります。それは物質的な生の再生産がなされる世界であり、共有しているものについてのいかなる知覚も、いかなる言説も生じえない世界、空腹や苦痛、ヒステリーのわめき声しか生じえない世界です。労働者運動や女性解放運動と呼ばれたものは、公共世界と私的・家庭的世界、生産と再生産に運命づけられた世界と、公共的な活動と言葉に運命づけられた世界のあいだの分割＝共有を、問題にし直すことでした。これらの運動は、何よりもまず感性的世界を描き直すことにありました。私的なものと鳴き声の世界に閉じ込められた存在は、自分たちもまた話す存在者であることを証明すると同時に、私的世界もまた一つの公共世界であることを証明しなければなりませんでした。そうするためには、言葉の舞台を作らなければなりませんでした。そこでは、労働者は、工場や労働契約に関する私的な問題を公共の討議に属する問題として配置し直し、女性は、自分たちも公共の問題に関する言葉をもつ者であると主張することになります。そうするためには、彼らが語っている共通の対象を見ようとせず、彼らが語っているとは聞かず、自分が討議の当事者だとは思っていない雇用主や男性、統治者たちを、対話の装置《ディスポジティフ》の相手として含みこまなければなりませんでした。この非対称性によって、政治的な対話が、あらゆる単純な〔言葉の〕やりとりの状況から区別されます。それにもかかわらず、政治的な場面で言葉のやりとりがなされるのは、そこに何らかの正義が形成されるときだけであり、言いかえれば対称性と非対称性、正義と不正のあいだの関係そのものを問題にする感性的なものの分有が形成されるときだけです。

今日時代遅れとなった公共生活の英雄たちの時代におけるこうした不合意の場面の数々は、喜んで捨て去りましょう。現在私たちが生きている国々は、全員に平等な能力を認めています。しかしこの平等性それ自体は、たえず係争の対象になっています。行政の根拠となっている自明な事柄に異議を唱えるためにデモ隊が街頭に出るとき、問題となっている政府やその専門家たちがデモ隊の言葉を一般的にどのように受け取るかは周知の通りです。理性的な分析や討議の対極にある、不満のわめき声や言葉の遊びだと受け取られるのです。このような知覚のずれは、イデオロギーの問題ではありません。それは構造的なものです。不合意に特有の仕方で、話す存在の平等が効果をもつ限りで、政治が存在するのです。ある意味で、話す存在の平等が、不合意が組織される可能性そのものを支えているというのは、確かにその通りです。しかし、逆に、平等な関係と不平等な関係のバランスをとる不合意という形式においてしか、この平等は効果をもたないのです。政治は、共同体のいかなる言語的本質も実現しません。政治は共同体の中のもう一つの共同体として、共同体に対するもう一つの共同体として存在します。政治は代補という形で生み出されます。すなわち、共同体が共有しているものを定めている感性的所与に分裂を生じさせる、過剰な主体がいる限りで、政治は存在するのです。

ここから出発して、政治的主体そのものを規定する相互性の謎めいた定式に立ち戻ることができます。すなわち、政治的主体とは、統治することと統治されることに与ることである〔という定式です〕。この定式に意味を与えうるのは、言語の交換における相互性ではありません。それは、逆に、非対称性です。政治的主体とは、交換において二つの立場を代わる代わるとる人ではありません。それは、対称性の内にある非対称性を問題にする人、平等と不平等の関係を問題にする人です。

デモクラシー

この問題化には古典的な名称があります。それがデモクラシーです。民衆の権力を表すこの概念は、コンセンサスによる偽りの明白さから引き離され、その謎めいた顰蹙ものの性格に引き戻されねばなりません。デモクラシーは、数ある統治の形態の一つではありません。デモクラシーは、分類の論理そのものを破壊するようになる特異性、あるいは例外なのです。というのもデモクラシーは、権威の原理にもとづく統治に利用される政治の概念そのものを破壊するようになるからです。

周知のように、デモスおよびデモクラシーという語は最初、公共的存在となる条件を満たしていない人々が公共の事柄に口出しをすることを非難する侮蔑的呼称でした。『イーリアス』の中でオデュッセイアは、デモスに属するくせに語ろうとする「平民」テルシテスを杖で打ちつけます。〔デモスに属するとは〕つまり、彼が言うように、員数外の人々からなる未分化の寄せ集めに所属するということです。これは演繹ではなく規定です。デモス出身者とは、計算外の人、話す存在だと計算されていないのに話す人のことです。彼らにとってのデモクラシーとは、最下層民による統治、つまり統治を基礎づけるいかなる資格ももたない人々、つまり名門の出でもなく、財産も社会的威信もなく、特別な学もない人々の逆説的統治、顰蹙ものの統治を意味する、アテネの貴族が案出した嘲笑語です。デモスによる統治とは、話すべきでないのに話す人々による統治、統治する資格を一切もたないのに統治する人々の統治です。これは『法律』の第三巻でプラトンが明らかにした事態です。第三巻でプラトンは、統治するためのあらゆる資格を詳細に検証しています。プラトンは、それらの資格のうちの六つを取り上げ、統治するべき素質と統治されるべき素質のあいだの相補性を示す同じ固有性をもつとしています。例えば、両親の統治は子どもたちに、老人の統治は若者に、主人の統治は奴隷に、貴族の統治は一般の人々に、強者の統治は弱者に、そして学者の統治は無知な人々にもたらされます。ここで統治の一覧表は終わるはずでした。しかし七つ目の、プラトンが皮肉にも「神の分け前」と呼ぶ資格があります。それは、純粋な偶然の統治、くじ引きにもとづく統治、すなわちデモクラシーです。デモクラシーは、統治の数に入らない統治、統治する者と統治される者の立場がその地位を占める能力によって決まる物事の通常の秩序を乱す統治です。デモクラシーは、統治する資格のない人々による齷齪ものの統治というだけではありません。それは統治の原理そのものを、つまり統治されるという追加的素質を定めている統治する資格の存在を破壊する統治なのです。それは無秩序《アナーキー》＝無原理の逆説的な統治なのです。

逆説的にも、まさにこの無秩序の統治が、統治することと統治されることの両方に与る者という、政治的主体の定義によって生じた疑問への答をもたらします。この対立するもの同士の同一視は、自然な立場の相互性から生じるものではありません。逆に、この同一視は、統治する者と統治される者の立場のあいだのあらゆる相補性の切断から生じるものであり、統治したりされたりという事実を、統治したりされたりする素質によって正統化しようとするあらゆる試みの切断から生じるものです。政治は〈統治することと統治されることという〉反対の立場に与ることによって政治として規定されるのですが、この参与は、計算外の人々、統治するためのあらゆる資格を剝奪された人々の統治としてのデモスを除外することを基盤にしています。つまり、デモクラシーとは統治の一形式ではないのです。デモクラシーとは、まさに政治の象徴的な創設なのです。政治とは、本質においては、統治することではありません。政治とは、この統治することの自明性を中断することであり、ある集団が自分たちに固有な素質を名目にして統治を行う能力を失墜させることなのです。政治とは、厳密に理解すれば、統治することのあらゆる正統性の解体をそれ自身のうちに含む統治形式なのです。政治とは、話す存在が平等であることが命令の不平等な機能の仕方に必要であるように、すべての不平等の機能の仕方に必要な平等の実現のことなのです。話す存在が平等であるということは、特定の共同体という形で直接に効果をもつものではありません。通常この平等は、不平等を形成する諸条件のなかで行使されます。平等が、無条件な平等として自らを明らかにしうるのは、この物事の通常の秩序に違反することによってだけです。平等が平等として自らを明らかにするのは、もっぱら追加という形式、不合意という形式、違反という形式においてだけです。「デモスの統治」とは、この違反の総称的な名称なのです。

　このことが意味するのは、政治的民衆とは住民のことではないということです。それは現実の共同体の全体ではないのです。それは、住民のなかの恵まれない当事者〔部分〕(partie) でもありません。政治的民衆は、実際の住民の集団として定義することはできません。それはまさに、住民の当事者たち、この当事者たちが共同体に参与する資格、この資格に応じて戻ってくる共通のものの分け前、これらすべてを数え入れる計算への代補なのです。「民衆」は代補的な存在であり、数え入れられない人々の計算を、あるいは分け前なき人々の分け前を、要するにそれなしには不平等さえ考えることができないような話す存在の平等を組み入れます。「分け前なき人々」という概念は、ポピュリスト的な意味においてではなく、構造的な意味において理解されなければなりません。この語が意味するのは、労働に明け暮れ苦しみにあえぐ住民のことではありません。今日、除外された者と呼ばれている人々のことではありません。「分け前なき人々」とは、一般に、統治する資格をもたない人々によって形づくられる潜在的な全体を指します。デモクラシーによって共同体全体と同一視されるのは、代補的である空虚な当事者〔つまりデモス〕です。この当事者によって、共同体は社会体の当事者の合計から区別され、統治は特定の統治する資格の具体化から区別されます。この最初の区別によって、政治は、社会の当事者の総計に対する余剰として組み入れられる代補的な主体の活動として基礎づけられるのです。

政治が存在するのは、民衆が人種や人口ではなく、貧しい人々が住民の中の不遇の当事者ではなく、プロレタリアートが産業労働者の集団ではなく、社会の当事者の総計への代補として、数に入らない人々の計算あるいは分け前なき人々の分け前の特定の形象を組み入れる主体である限りにおいてなのです。このような分け前が存在するということが、政治の争点そのものです。そしてこれが政治的係争の対象です。政治的対立は、異なる利害を持つ集団を対立させるわけではありません。それは、共同体の当事者や分け前を異なる仕方で計算する論理を対立させるのです。政治的係争は、分け前なき人々の分け前の存在に関わります。共同体の当事者を数えるには二つの仕方があります。まず、あらゆる代補を除外して、実在する当事者しか、生まれや働き、社会体を構成する地位や利害の点での差異によって規定される実在の集団しか数えない仕方です。二つ目の仕方は、「さらに」分け前なき人々の分け前も数え入れます。私は一番目のものを〈ポリス〉と呼び、〈政治〉という呼び名を二番目のものに取っておくよう提唱しました。

ポリスと政治

私がポリスと呼ぶのは、管理や抑圧といった社会の特定の機能のことではありません。ポリスは国家機構ではありません。それは、フーコーが言うような生の管理の形式でもありません。ポリスとは、共同体の象徴的構成、感性的なものの分有の形式です。ポリスの特性は、あらゆる空虚や代補を排除して共同体の空間を構成することにあります。

そこでの共同体は、特定の行動様式をとるよう定められた集団、その仕事が行われる場所、そしてその仕事や場所にふさわしい存在様式から形づくられます。このように機能と場所、存在様態が適合するなら、いかなる空虚の余地もありません。このように「存在しないもの」を除外するのが、国家の実践を支配するポリスの原理です。政治の本質は、分け前なき人々の分け前を加えて計算することによって、このような配置を乱すことです。この代補的な計算は、私が定義した意味での不合意、つまり感性的所与の分割によって現れます。政治は、ポリスの世界において目に見えるもの、言葉を語りうるもの、数えられるものの変更として現れるのです。

「ポリス」や「政治」という語が通常どのように受け取られているかを見れば、いまいったことがらが分かりやすくなるでしょう。政治デモを鎮圧するのに警察力が送りこまれるとき、何が起きているのでしょうか。それは何よりもまず「公共の」場所、すなわち街路の所有と使用に関する係争です。ポリスにとって、街路は人や財が循環するように定められた空間です。政治はこのような用途を乱します。街路は政治によって、そこで共通の問題を扱うよう主張する員数外の主体（「民衆」、「市民」、「労働者」等）がデモを行う空間になります。ポリスにとって、共同体に関する問題が扱われる空間は、別にあります。すなわち、その用途に定められた公共施設で、その職務を果たすよう定められた人々によって扱われるものです。こうして、政治は、感性的世界に混乱を持ち込み、そこですべきこと、見るべきこと、計算すべきことの空間を描き直すことによって、分け前や当事者の配分を狂わせます。政治は、階級や当事者のあいだの対立である以前に、感性的世界の布置をめぐる対立です。これらの対立のアクターや対象が姿を見せうるのは、この布置においてなのです。

〔感性的世界の布置をめぐる〕この対立においてまさに言語の「政治性」が現れます。政治が、まず発表やスローガン、主体の名前によって特異的に現れるのは事実です。〔政治的主体の名前には、〕古典的な名前もあれば、「工場労働者」や「プロレタリアート」のように時代を画する名前もあり、「民衆」や「市民」のように時代を超える名前もあります。特定の状況のために発案されたものもあります。例えば、六八年五月のパリのデモの「われわれは皆ドイツ系ユダヤ人である」や、人種差別や外国人排斥運動に対する最近のデモの「われわれは皆移民の子どもである」がそうです。「自由、平等、博愛」のように古典的なスローガンもありますし、他にも、特殊な要求や抗議においてばらまかれるスローガン的記号表現《シニフィアン》は山ほどあります。しかし、これらの名前やスローガンはすべて同じ構造を持っています。これらはすべて係争的な言表や名前であり、現行の感性的なものの分有を問い直す代補的な言表や名詞なのです。六八年パリのデモ参加者たちは、デモ参加者のうちの一人に与えられた「ドイツ人無政府主義者」という侮蔑的な呼び名を取り上げ直し、「ドイツ系ユダヤ人」という形で、非限定的な集合を指す名前に変形したのですが、彼ら〔のこのやり方〕は、デモスという侮蔑的な呼び名を、分け前なき人々の共同体としての、権威を行使する資格のない人々の共同体としての、政治的共同体の名前に変えた、あの最初の論理を要約するものでした。政治的主体の名前はつねに、特殊な言葉や集団行動の中に、分け前なき人々の非限定的な集合体を含みこむ一つの様式です。つまり、政治的主体の呼び名はつねに、特定の感性的なものの分有によって定められた、目に見えるものと見えないもの、言葉と騒音の関係を再び問題にするための一つの様式でもあるということです。例えばそれは、政治的主体の名前としての「プロレタリアート」という名前が行ったことです。当初それは大産業の労働者の集団という、歴史的に限定された社会集団の名前のはずでした。しかし「プロレタリアート」はまず、「子どもをつくる人」を意味する法律上のラテン語の名詞です。つまり、名前も言葉も持たず、名前を伝えることなく再生産される存在です。したがって「プロレタリアート」は、一九世紀の労働者闘争という特異性と、名前をもたない存在の政治的共同体への潜在的包摂とを結びつける名詞になりました。それは、仕事と再生産の世界を公共的な言葉と活動の世界から切り離すポリスの論理を撤廃する名詞になりました。また、たんに一つの社会的カテゴリーの要求を表すだけでなく、言葉と騒音の布置そのものを描き直す、様々な形式の言表を指す名詞になりました。政治的対話は、原理上不合意的であり、不合意的である限りにおいて包括的です。政治的対話によって、見られていなかったものが見えるようになり、騒々しい動物としてしか聞かれていなかった人々が話す主体として聞かれるようになり、見るべきものも討議すべきものもないと宣言された人々さえ対話の相手として計算されるようになります。それによって政治的対話は、計算されてこなかった人々の包摂を行うのです。

このことが意味するのは、政治に固有の主体はいないということです。政治的主体とはつねに、「デモスの権力」の特殊な現実化であり、政治的共同体をポリス的共同体から区別する分け前なき人々の分け前の出現なのです。一般的にこのような主体には、若きマルクスがプロレタリアートについて下した定義、つまり「社会の一階級であるが、社会の一階級でない」という定義を与えることができるでしょう。政治的主体は、現勢的な主体化装置としてのみ、ポリス的秩序を解体する論争的で逆説的な世界を形づくるという限られた能力としてのみ存在します。したがって、政治的主体は、つねに不安定で、自分たちの分け前の最大化を図ろうとするたんなる社会体の当事者と混同されやすいものです。政治が、支配の「正常な」流れの特異な逸脱であるなら、つねに消えてしまう恐れがあります。このような政治の消失の最も根本的な形は、たんなる消滅ではなく、正反対のものであるポリスとの混同です。政治的主体にとっての脅威は、社会体を有機的に構成する当事者、あるいはこの社会体そのものと混同されることです。これが、労働者を、新しき人の「栄光の身体」と同一視したソヴィエトで起こったことです。また、別の仕方で現代のコンセンサス・システムに起こっていることです。

というのも、デモクラシーの名のもとで私たちの国家や社会を調整しているコンセンサスは、厳密に理解されなければならないからです。コンセンサスとは、たんに様々な形の敵対関係よりも、討議や交渉に特権が与えられていることを意味するのではありません。またたんに世界の現状についての、またコンセンサスによって権威づけられている富と権力の局地的な再配分の可能性についての、政府与党と野党の包括的同意を意味するのでもありません。コンセンサスとは、感性的なもののデータが唯一で一義的であるということを意味します。コンセンサスの視点から、競合する利害や価値について討議することができます。しかじかの手段の効果について討議することができます。しかし様々な状況のデータは否定することができません。状況のデータは専門家の知によって完全に客観化することができます。したがって、状況のデータは、それ自身が多様な手続きによって完全に客観化されうる住民に、あいまいさを残さず示すことができます。

このような手続きの例として、住民の各当事者、経済的な各グループ、イデオロギー上の各グループ、各年齢層が、それぞれの問題や提案された解決策についてもつ考えを固定化しうる世論調査をあげることができます。また例えば、問題によって決まるグループや利害関係の代表者たちとの交渉をあげることもできるでしょう。本質的なことは、討議の対象となりうるデータと同時に、討議の相手を務めうる主体を、客観化する能力です。このことが意味するのは、コンセンサスは、原理上分け前なき人々の分け前は除外してしまう感性的なものの分有だということです。コンセンサスは、共通の状況のデータそのものに関する不合意を導入することによって分け前なき人々の分け前を含みこむ、代補的な主体の活動を除外してしまうのです。確かに、コンセンサスも除外者がいることを知っています。しかし、コンセンサスは、もはやその人々を、二重化され政治的主体化に含まれた人々だとは認めません。コンセンサスは彼らを、社会が社会医療や教育によって社会に再統合するよう努力しなければならない外部、社会の最下層であえぐ人々、病人や精神薄弱者としてしか認めないのです。

このことは、コンセンサスが、話す存在の能力と共同体への帰属のあいだの単純で不合意的でない関係を前提にして機能しているということになります。コンセンサスは、言語能力とは共通経験の感性的データを目に見えるようにしたり、説明可能にしたりするものではなく、たんにそれらを平等な話者に伝える能力だと見なす考え方を、前提にして機能しています。しかし、言語能力と政治的能力のあいだに単純な関係はありません。言いかえれば、言語の透明性と感性的データの透明性のあいだに単純な関係はないのです。コンセンサスは、言葉が共通の有用性に関わるメッセージだけを伝えることを望みます。しかし、言葉はつねにメッセージと同時に何らかの正や不正を伝えます。言葉は、理解のために必要な平等と、言葉を問題にする不平等とのあいだの、特定の関係を伝えます。言葉は、立場と権限の特定の分配のあり方を伝えるのです。

学校としてのコンセンサス国家

政治的不合意は、平等と不平等の特定の関係づけです。不合意が消えるところで現れるのは、たんなる明白な対象にかかわる純粋なメッセージではありません。そこで現れるのは、別の形式の平等と不平等の結びつきです。この形式は、古典的な形式、学校の形式です。この講演の最初に指摘しましたが、コンセンサス国家はますます国家–学校(État-École)になりつつあるのです。学校は実際、平等と不平等の関係の機能の原型です。学校は話す存在の平等を機能させます。この平等なしには、教師の言葉は空しいものとなるでしょう。ところが、この平等が機能するのは、一定の不平等な制度《レジーム》において、つまり知識の不平等においてなのです。この話す存在の平等が不平等に機能することそれ自体が、生徒が教師の権力を手に入れたときに到達できる平等という、新たな平等のための準備だと定められています。この構造によって学校は、現代社会と現代国家の進歩主義的社会秩序の象徴的な場所になりました。つまり、不平等は、自己消滅に、来るべき平等の支配に近づいていくというイメージです。問題はもちろん、不平等がなかなか自己消滅せず、平等がそこから生じるとされる不平等の状況を再び作り出してしまうということです。

したがって学校は、不平等の自己消滅という共和国政府が与えたプログラムを一度も果たせなかったのです。学校にできたのは、逆に、コンセンサス政府という新しい統治形式のモデルを提供することでした。コンセンサス政府とは、世界の状況を理解する手段や、政府ができることとできないこと、またしたがって政府に求めうることと求めえないことを理解する手段を、際限なく生徒に与えつづける学校政府（gouvernement-École）なのです。情報を与えること、伝達すること、説明することは、学校政府のスローガンであり、それは私たちを、私たちの政府ができることの狭い限界について、またしたがって私たちができることのさらにずっと狭い限界について、すっかり知っている啓蒙された市民とするべき企てのスローガンなのです。コンセンサス国家とは、学校の論理と一体化した国家、つまり臣下に彼らの無力さを教え込み、臣下に学識をもたせればもたせるほどその無力さを鍛え上げる国家なのです。

一八三〇年代にジョゼフ・ジャコトというフランス人教育学者、あるいは反-教育学者が、進歩主義的な教育による平等という論理全体を背面から攻撃して大学の世界に爆弾を投げました。生徒に説明すればするほど、もし説明しなければ生徒には理解できなかっただろうと説明することになり、ますます生徒の知的無力が証明されることになるとジャコトは述べました。不平等を減らそうとすればするほど、ますます不平等を強めることになってしまう。平等に到達しようとすべきではない、平等の前提から出発しなければならない、と。つまりジャコトは民衆の教育に、知的解放を対置したのです。この知的解放は、平等と不平等の関係の逆転にもとづいており、識者と無知な人間のあいだに距離があるという前提にではなく、知性は平等であり、等しく話す存在の共同体に参与するものであるという前提にもとづいています。

ここで私が興味をもつのは、この視野の逆転をどのように教育に適用するかという問題ではありません。私が興味をもつのは、民衆教育と知的解放の対立によって、私たちが集団生活における言語の機能の問題をどのように問い直すことができるかです。集団生活に関する有用なデータだけを伝える中立的な言語形式は存在しません。話す存在の平等と不平等の関係の伝達がつねに行われているのです。政治に意味があるとすれば、それは平等がもつ有効な特性の意味です。この有効な特性は、前提とされなければなりません。それと同時に、この有効な特性は、不合意を通してしか、二つの論理の対決を通じてしか存在しないものです。このような代価を支払うことによって初めて、話す存在の平等な能力によって政治の道が開かれるのです。コンセンサスが支配的なときにあって、私たちの言葉の活動にこのような分離が内在することを心に留めておくべきでしょう。

デモクラシーとは何か

いまやデモクラシーは、行き過ぎた平等要求の別名でしかない。確かにデモクラシーは、専制政治を打倒するために役立った。しかし、共産主義という名の専制政治の崩壊とともにもはやその役割は終わった。家庭や社会で完全な平等を求める女性、親や教師と同等の発言権を要求する子ども、宗教の容認や就職を要求する移民、すべてが行き過ぎたデモクラシーの指標である。今こそ自然な伝統的価値を復活すべき時であり、自然な＝生来の能力にもとづいた自由競争にすべてを委ねるべき時である。

ランシエールが本書で批判するのは、フランスで広がりつつあるこうした「デモクラシーへの憎悪」である。デモクラシーは自然的秩序に反して平等を要求するがゆえに、社会を不安定にする。それに対してランシエールは、デモクラシーとは、そもそも自然的秩序に反して、何の資格ももたない民衆が権力を要求する実践過程そのものであり、その限りで社会的な不和を生み出すのは当然であると主張する。本書は、彼が政治哲学上の主著『不和あるいは了解なき了解[1]』で提示したこのようなデモクラシー概念にもとづいて、「デモクラシーへの憎悪」を批判的に分析したものである。

これは、〈いま・ここ〉の問題とけっして無関係ではない。「戦後民主主義によって日本人は、共同体意識に根ざした良心を失い、利己主義に走って、家父長制などの自然な価値も失った。今こそ、戦後民主主義を支える諸概念、なかでも人権の概念を見直し、それを明文化した憲法や教育基本法を改定しなければならない」——このような「戦後民主主義」を憎悪する言説が、武力によるデモクラシー拡大の支持と矛盾することなく広がり、ついに教育基本法が改悪され、憲法改正への準備も中断されているように見えて実は遅滞なく進められている。こうした「デモクラシーへの憎悪」はどのような根拠にもとづいているのか、それはどのような点で誤っているのか、そもそもデモクラシーとは何か、ランシエールの問いは、われわれ自身の問いでもある。

以下では、ランシエールとともに、まずデモクラシーは自然的秩序に反しているがゆえに社会の不安定をもたらすというデモクラシー憎悪の起源をプラトンに探り、次にランシエールが考えるデモクラシーが政治制度とも理念とも異なるとすれば、それはどのようなものかを検証することによって、この問いに答えたい。

自然的秩序に反し、社会秩序を混乱させるデモクラシー

確かにフランスでは、様々な社会的・政治的問題の原因をデモクラシーのせいにする主張が日増しに毒性を増している。彼らは、デモクラシーが個人主義を促進し、伝統的価値を破壊して社会を不安定にすると主張する。その多くが、デモクラシーは自然的秩序に反していることを論拠にしている。

その典型の一つが、ジャン＝クロード・ミルネールの『民主主義的ヨーロッパの犯罪的傾向』[2]である。ミルネールは同書で、ヨーロッパのデモクラシーの起源はナチズムにあり、ユダヤ人虐殺によってデモクラシーは完成されたのだと述べている。ここで「ユダヤ人」が象徴しているのは、血縁や家族共同体を重視する自然的秩序であり、それが社会民主主義によって破壊されたのだというのである。

ランシエールによれば、デモクラシーが自然的秩序の否定であり、国家や社会の分裂をもたらすということのような批判は、古典的なものであり、原理的なものでさえある。

確かに、フランスにおける最近の「デモクラシーへの憎悪」の引鉄は、デモクラシーは

必然的に恐怖政治をともなうというフランソワ・フュレたちのフランス革命評価や、ソ連崩壊にともなって全体主義は完全に克服されたという論調にある。しかし、その起源は古代ギリシャにあり、当時デモクラシーという語は罵倒語でしかなかったのである。

以下では、第一にデモクラシーが自然的秩序に反するという見方、第二にデモクラシーが社会秩序の混乱を招くという見方の起源をプラトンに探りながら、ランシエールの反論を見ていきたい。

第一に、デモクラシーは自然的秩序に反するという見方。古代ギリシャの人々にとって、統治は、自然に従って、つまり生まれつき統治の資格をもつ人々がなすべきものであった。ここでの統治のための資格とは、「富をもつ者、神との絆の証拠をもつ者、有力な一族、学識のある者、専門家」たちである。通常、この原理に従って政治制度が作られている。しかるにデモクラシーにおいては、統治する資格をもたない民衆が統治するわけであるから、自然な統治が失われることになる。

プラトンが、統治の根拠を自然に求める主張をまとめている。プラトンは、統治者に必要な資格として次の六つをあげている。①子どもに対する両親の権力、②年少者に対する年長者の権力、③奴隷に対する主人の権力、④平民に対する家柄のよい貴族の権力、⑤弱者に対する強者の権力、⑥無知な者に対する学識ある者の権力である［本書五五頁、原書四六頁〕。統治者は、このいずれかを備えていなければならない。そしてこれらの資格にもとづく統治が行われる社会形式は、それぞれ家族、老人政治、貴族制、テクノクラシー、会社、学校と呼ばれている。ところが、プラトンによれば、最初の四つの資格と残りの二つのあいだには大きな違いがある。すなわち、最初の四つの資格が、出生－自然にもとづく性質であるのに対して、力と学識という後の二つは後天的に獲得される性質だという点である。そしてプラトンは、この二つこそ、政治に必要な資格であるとする。つまり、自然が終わるところで政治が始まると考えるのである。

ランシエールは、自然的秩序が終わるところで政治が始まるというプラトンの考えを評価する。しかし同時にランシエールは、これら六つの資格が、実は、すべて自然的秩序にもとづくものであり、その点でプラトンは不十分であったと批判する。確かに力や学識は、出生－自然にもとづく性質と完全に同じというわけではない。しかし、体力や知能の優れている者も、自らの意志だけでそうした能力が獲得できるわけではなく、生まれつきの素質が必要である。その意味でそうした能力も自然的であると考えられる。この六つの資格がすべて自然にもとづくものであることは、プラトンが付け加えた第七の資格と比較してみればよくわかる。すなわち「偶然の神による選択、くじ引き」〔本書五六－五七頁、原書四七頁〕である。これは、完全に自然と断絶している。プラトンも、くじ引きこそ最も民主的な手続きであると見なしている。ただしそれを否定するために。それは、まったくスキャンダラスな資格である。なぜなら、それは自然から与えられた特権をすべて無効にするからであり、あるいはそれ以上にそうした特権が本来偶然の産物でしかなく、絶対的なものではないということを明らかにするからである。くじ引きという資格は、実は完全な無原理《アナーキー》なのである。

このようにランシエールは、政治は自然的秩序の終わるところで始まるという点でプラトンに同意するとともに、この原理をプラトンを超えて適用する。すなわち、プラトンが否定したくじ引き[3]による統治、つまりデモクラシーによってはじめて自然が終わり、政治が始まるとする。というのもデモクラシーが前提とする平等は、自然のなかに見出すことはできないからである。自然のなかには差異しかなく、平等はすべて人間によって創り出されたものであり勝ちとられたものである。ランシエールは、自然的秩序に反するがゆえにデモクラシーは無効であるという主張に対して、それゆえにこそデモクラシーが重要なのだと主張することになるだろう。またしたがって、ランシエールの言うデモクラシーとは、出生－自然による能力や資格を備えておらず、くじ引きのみが唯一の資格であるような民衆、つまり「とるに足らない人（n'importe qui）」の統治にほかならないのである

第二に、デモクラシーが国家や社会の混乱を引き起こすという批判の原型も、プラトンに見ることができる。

プラトンは『国家』において、理想国家は統治者、軍人、職人の三階級からなるとしている。これは理性・情念・欲求という魂の三つの部分に対応している。この三つの部分にはそれぞれの役割がある。例えば理性的部分の役割は真なるものの認識であり、他の二つの部分が関わると混乱する。これと同様、三つの階級は能力を発揮できる領域が限られており、その領域に専念すべきである。したがって、社会問題や政治に関することは、その専門家である統治者に任せるべきだということになる。しかるに、デモクラシーの場合、職人つまり民衆が、本来統治階級の役割である統治にたずさわる制度であるから、国家は必然的に混乱状態に陥ることになる。

『国家』第八巻では、このようにして引き起こされるデモクラシー社会の混乱の様子が記述されている。「父親は、子どもに似た人間となるように、また息子たちを怖れるように習慣づけられ、他方、息子は父親に似た人間となり、両親の前に恥じる気持ちも怖れる気持ちももたなくなる。自由であるためにね。そして居留民は市民と、市民は居留民と、平等化されて同じような人間となり、外国人もまた同様だということになる（……）先生は生徒を恐れてご機嫌をとり、生徒は先生を軽蔑し、（……）若者たちは年長者と対等に振舞って、言葉においても行為においても年長者と張り合い、他方、年長者たちは若者たちに自分を合わせて、面白くない人間だとか権威主義者だとか思われないために、若者たちを真似て機智や冗談でいっぱいの人間となる」[4]（562d-563a）。このように、デモクラシーの社会では、教師と生徒、主人と奴隷、年長者と年少者などの関係が一斉に転倒するというのである。これに男性と女性を加えれば、現在「デモクラシーへの憎悪」が指摘する社会的混乱のリストが完成する。

さらにプラトンは、冗談めかして、動物を持ち出している。「犬たちは、それこそまったく諺のとおりに、『女主人そっくりに』振る舞うようになるし、さらには馬たちやロバたちも同様で、きわめて自由にして威厳ある態度で道を歩く慣わしが身について、路上では、こちらからわきにのいてやらないと、出会う人ごとにぶつかってくるという有様なのだからね。その他万事につけてこのように、自由の精神に満たされることになるのだ」（563c-d）。

この人間と動物の逆転という視点は、プラトンの意図を超えて、重要な意味を持つ。ここで、『不和あるいは了解なき了解』冒頭に掲げられたアリストテレスの『政治学』の一節を引用しておこう。人間が政治的であるのは、動物とはちがって、「快不快を伝達する声だけでなく、何が有益で有害で、正義であるかを表明する言語を持っているからである」[5]（1253a9-18）。ところで、言語はすべての人間に与えられている。したがって、すべての人間が政治について発言できるはずである。しかし、現実には、一部の人間にしか許されていない。ランシエールによれば、あらゆる政治制度において政治への発言が許されているのは、少数の統治者だけである。言いかえれば、代表制を含むあらゆる政治制度が、少数者による統治つまり寡頭制なのである。そこでは、資格がない者の声は、あらかじめ除外されている。例えば子ども、女性、外国人、要するに資格がない者の声は、聞く必要のない「叫び声」としてあらかじめ除外されているのである。

しかし、民衆も同じ言語を共有している。そのことは、統治が成立するためには、民衆が統治者の声を理解することができなければならないことからもわかる。ランシエールはこれを政治の感性的基盤と呼ぶ。重要なことは、人間である以上、言葉を聞き、意見を表明できるにもかかわらず、言葉を聞くことも、意見を表明することもできないと想定されている人々がいるということであり、デモクラシーとはこうした言葉を語らないはずの人々が語り始めることにほかならないということである。それゆえ、デモクラシーが、人間／動物の区別を初めとするそれまでの安定した秩序を転覆することは、原理上避けられないのである。

こうしてランシエールは、デモクラシーは自然秩序に反しており、社会秩序を混乱させるという非難に対して、デモクラシーはそもそも自然に反したものであり、当然、社会秩序を混乱させるものであると反論するのである。

政治制度でも理念でもないデモクラシー

では、ランシエールは、なぜ社会を混乱させるにもかかわらずデモクラシーが必要だと言うのか。実は、彼が考えているデモクラシーは、現在の一般的な用法とは異なり、民衆の権力という原義に添ったものである。

まず第一に、ランシエールが考えるデモクラシーは政治制度ではない。したがってランシエールのデモクラシーは民主制ではない。デモクラシーは、原理上、政治制度ではないし、制度化もできないからである。

しかし、現実には、デモクラシーが政治制度化しうるものであることを前提として、デモクラシーと制度上の手続きが同一視されることが多い。すなわち、多数決にせよ代表制にせよコンセンサス形成にせよ、「個人の決定をいかにして集団化するか」という手続きである。しかし、ハンス・ケルゼンのように、個人の決定から集団的決定への移行がフィクションにほかならないことを認めた上でそれを必要不可欠なフィクションだとするにせよ、カール・シュミットのように、個人の決定を重視する自由主義と集団的決定にもとづく民主主義とは共約不可能な原理であり、両者を媒介しようとする代表制は不可能な企てにすぎないとするにせよ、個人の決定とその集団化のあいだにずれがあることは、疑いえない。言いかえれば、代表制は、支配者と被支配者の一致というデモクラシーの定義そのものに反しているのである。

実際、歴史的に見て、デモクラシーが発展して代表制になったというのは誤りである。国土が拡大したり国民が増加したりしたので直接民主制が不可能になり、代表制という形式をとるようになったのだという見方は、回顧的誤謬である。むしろまったく逆であり、台頭してきたデモクラシーを寡頭制が取り入れた結果が代表制であり、その意味で代表制は寡頭制の妥協形式なのである。〔本書七五頁、原書六一頁〕

またデモクラシーは、現実にも代表制と相容れない。例えば、ジジェクが「フランス現代思想における最も洗練された『公式』理論[6]」だとするクロード・ルフォールのデモクラシー論によれば、代表制においては、権力の場が構造的に空虚であり、誰も生まれつきその資格をもっているわけではなく、権力を握る人間は一時的にその場を占めるだけで、けっしてその地位にとどまることはできないとされる。このルフォールのデモクラシー概念は、ジジェクが言うように、一般意志を表す実体主義的なルソーのデモクラシー概念と、個人の利害関心の交渉による解決という自由主義的なデモクラシー概念を調停した、いわば「超越論的」な形式である。実際、このような代表制であれば、出生―自然による資格にもとづいていないという点で、ランシエールのいうデモクラシーとも矛盾しないように思える。しかしランシエールは、このような制度は現実には存在しないと言う。それが成立するためには、世襲の禁止など厳しい規則が必要になるだろう。そして何よりも、そこでは「議員になりたいという意志」をもった人間が議員になることが禁止されなければならない。権力への意志をもって立候補した人間が権力の座につくことほど危険なことはないからである。

さらに、代表制がデモクラシーと両立しえないのは、そもそもデモクラシーが制度化しえないからである。というのもランシエールが考えるデモクラシーとは、語るはずのない民衆が語り出すという出来事であって、それが制度として固定化されたとたん、更新されなければならないはずだからである。彼は『不和あるいは了解なき了解』（また本書収録の講演）で「政治」と「ポリス」を峻別している。「ポリス」が政治制度であるのに対して、「政治」とはあるポリスから別のポリスへの変化過程だと定義される。したがって、一つの出来事としてのデモクラシーこそ政治であり、それは政治制度つまりポリスとは同一視しえない。こうして、ランシエールは、既存の代表制の諸形式と、公共生活の場への参加というデモクラシー的要求とのあいだにある、重大な隔たりを指摘し、デモクラシーは政治制度ではありえず、とりわけ代表制と同一視されえないと結論するのである。

第二に、ランシエールの考えるデモクラシーは、何らかの理念ではない。すなわち、現実の政治制度においてつねに追求され、参照されるべき目標ではない。したがってランシエールのデモクラシーは民主主義でもない。ところで、ランシエールによれば、このような理念としてのデモクラシーを共和主義と言いかえることができる。なぜなら、「共和制とは、国家と社会を均質化することによって民主主義の行き過ぎを取り除く、制度・法・良俗の体系の観念」〔本書九四頁、原書七六頁〕だからである。その意味では、デモクラシーと共和主義は連続しているはずであるが、共和主義の立場からデモクラシーを批判する言説は数多い。

例えばレジス・ドゥブレは、論考「あなたはデモクラットか、共和主義者か[7]」のなかで、デモクラシーと共和主義を対比した上で、デモクラシーを徹底的に批判している。その主要な論点の一つが、「イスラム・スカーフ事件」で問題になった、政教分離《ライシテ》原則である。共和主義は、私的領域では信教の自由を認めるが、公的領域ではいっさい認めない。例えばイスラム教徒の女性が被るスカーフ（ヒジャーブ）のような宗教的シンボルは、公的領域である学校においては認められない。それによって公的領域で特定の宗教が権力をもつことを防ぐためである。それに対してデモクラシーは、寛容の名で公的領域においても宗教的表現の自由を認めることによって、特定の宗教が権力と結びつくことを許してしまうことになる。デモクラシーは、平等を尊重するように見えて、かえって平等を不可能にしてしまうというのである。

それに対してランシエールであれば、ドゥブレが問題にしている公的領域と私的領域の区別こそが問題だと言うだろう。実際彼は本書で、デモクラシーとは、私的領域の拡大であるどころか、「公的領域の拡大のプロセスである」〔本書七七頁、原書六二頁〕と述べている。ここで公的領域の拡大ということが意味するのは、国家の役割の増大ではなく、公的なことがらについて発言権を与えるという意味である。例えば家庭という私的領域に活動を限定されていた女性に、公的な領域での発言を可能にすることこそデモクラシーだというわけである。それに対して共和主義は、私的領域・公的領域の区分にこだわることによって、現状維持に加担することになる。

ここで、共和主義とデモクラシーが決定的に異なるのは、前者が平等を目標としているのに対して、後者は平等を前提としていることである。二〇〇五年に『リベラシオン』のインタビューに答えて、ランシエールは次のように言っている[8]。「平等というのは、すべての人の似通った経済的地位や生活様式という意味での、到達すべき目標ではありません。平等は政治の前提です。（……）根本的な平等はまず第一に、共同体の諸問題について議論し実行するという、誰もがもっている能力に関係しているのです」。共和主義は平等を到達すべき目標とすることによって、現状の不平等を見過ごし、それを固定することになっているのである。平等は、「排除された者が、排除を告発する仕方そのもののうちに政治的に示される」ものである。

共和主義の立場からのデモクラシー批判のもう一つの典型が、アラン・フィンケルクロートの議論である。ランシエールは本書では名指していないが、同じインタビューでデモクラシーを憎悪する言説の筆頭にあげている。例えば、フィンケルクロートは、二〇〇五年秋の移民出身の若者たちによる郊外反乱を、「民族・宗教的特徴を有する暴動」だと規定し、その遠因をデモクラシーのせいだとした（イスラエルの日刊紙『ハアレツ』一一月一七日）——二〇〇七年の大統領選では、当時徹底弾圧を主張したサルコジ内相を支持した。彼によれば、この「アラブ系の若者による暴動」は、特定の民族、宗教にもとづくものであり、一にして不可分というフランス共和主義の平等原理を破壊するものである。デモクラシーは、こうした一部の人間の平等要求を正当化することによって、かえって全体の平等を破壊するというのである。これと同じ論理が、様々なアファーマティブ・アクション（これまで差別されてきた民族や女性など少数者のための雇用・高等教育等を推進する措置）に対する反論の論拠にされている。

それに対してランシエールは、デモクラシーの立場から反論する。二〇〇七年の『リベラシオン』のインタビューでは次のように答えている[9]。反乱者たちの行動は、デモクラシーにもとづくものであり、容認されるべきである。郊外蜂起は「万人が参加するものとしてのデモクラシーを再考する糧を与えた」。問題は、彼らが例えば就職で不平等な扱いを受けていることではない。むしろ重要なのは「彼らが政治的主体として数に入れられているかどうか、共通の言葉を与えられているかどうか」である。したがって反乱側も争点を誤っている。反乱側は、「敵を同じ共同体に所属するものとして認める対話の場面を形づくることという、私が言う意味での政治的形式」を見出すべきである。必要なのは、不平等な状況に対するリアクションではなく、「デモクラシー的運動の構築」、つまり「議論し、決議に参加する誰もが持ち合わせている能力としての政治の確立」なのである。

共和主義には、均質化を必要とするがゆえに、原理的に他者を排除しようとする傾向がある。すなわち、シュミットやアレントが指摘するように、デモクラシーが理念化して共和主義となった場合、支配者と被支配者の一致を原理とする以上、満場一致を理想とするが、そのために可能な限り同質な民衆を要求し、場合によっては異質な民衆を

「排除または殲滅」（シュミット）しさえする。別の言い方をすれば、その場合、少なくとも統治に参加する権利については民衆の平等を保証するという原理に立ちながら、実はあらかじめ異質な「民衆」を排除するという「原理的両義性」（ルフォール）を抱えていることになる。この問題は、原理的であると同時に現実的な問題である。政治的な議論から除外される者、その可能性も能力ももたないとしてあらかじめ排除されている者をどうとらえるかという点で共和主義とデモクラシーは異なる。デモクラシーとは、年齢、ジェンダー、所得、エスニシティ、性的志向、疾病、そして国籍のせいで、制度化された民主主義によって「言葉をもたないもの」とされてきた他者の異議申し立てによってたえず更新され続ける運動の別名であり、その意味でそれはつねに来たるべきものなのである。

ランシエールは、ロンドン大学でのジャック・デリダ追悼の連続講演会のなかで、デリダの「来たるべきデモクラシー」という概念をとりあげ、自らのデモクラシー概念と比較している。[10] デリダは、政治制度としての民主主義と、他者への無限の開けという超越論的地平とを対置し、後者を「来たるべきデモクラシー」だとしており、デモクラシーを政治制度とも理念ともとらえていない点では評価される。しかし、デモクラシーを実践としてとらえるランシエールにとって、デリダのデモクラシー概念でさえ政治的実践を軽視するものだと批判されることになる。しかし、両者のデモクラシー概念は、他者に開かれたもの、共同性なき共同体[11]を前提にしている点で、通底していると考えることができるだろう。

こうして、ランシエールがいうデモクラシーは、政治制度でも理念でもないことが明らかになる。デモクラシーとは、公共の議論から排除された民衆が発言を求めること、そのために政治制度の更新を求める実践そのものである。

実践としてのデモクラシー

このようなデモクラシー概念は、もう一つの「革命」理論でしかなく、日常的には何の役にも立たないと批判されるかもしれない。実際それは、政治制度でも理念でもない以上、政治制度――ランシエールのいうポリス――に対しては役に立たないように見える。しかし、それは、日常的な場面でも、また理念においても重要な役割を果たす。実例をあげながら二つの点について見ておこう。

第一に、平等の意味のたえざる見直しの原理として。デモクラシーが前提とする、公的な問題について発言する権利の平等が、日々、様々な場面で問われなければならない。

二〇〇五年一一月、国が主催した「タウンミーティング・イン・京都」の参加者を抽選する際、希望者のリストを操作して、反対発言をしそうな人間を落選させ、賛成発言をするよう依頼した人間を当選させた。二〇〇七年四月の国家賠償請求裁判で、国は、事実関係を認める一方で、このように抽選を操作したこと自体を、重要なことではないとした。すなわち、国は準備書面で、原告らはタウンミーティングに参加できる権利をもっていたわけではない、なぜなら「実際にも抽選の必要があったのであるから、作為的な抽選がなされなかったとしても、必ずしも原告らの参加の機会が保証されていたとは言えない」と述べたのである。われわれが確かめてきたように、デモクラシーとは、誰にでも公的な問題について発言する権利があること、その際の資格は「くじ引き」以外ではありえないことであった。したがって、公的な問題について発言するために平等に抽選されることはデモクラシーの原理そのものであり、ここで問われているのはまさにその原理なのである。というのも、ランシエールがいうように、デモクラシーとは、「可視性がなかったものに可視性を与え、それまで仕事をするだけでよいとされていた人々が共に話し、行動することができる者として自らを示す共通の場面を開く[12]」ことだからである。

このようなランシエールのデモクラシー概念の前提になっているのは、先に見たように人間であれば等しく声を有しているという事実であった（声をもつということが聾唖者を排除するものでないことは、断るまでもないだろう。ここでのデモクラシーとは、つねに「語るはずのない者」が語り出すことなのであるから)。これをランシエールは、政治の感性的基盤と名づけている。つまりランシエールにとって政治とは、権力や法の問題である以前に、「感性的なものの分有(partage du sensible)」であり、「政治的なものの美学＝感性的次元」なのである。こうしたランシエールの議論の根底にあるのは、自由主義が前提とする所有する存在でも、共和主義が前提とする討議する存在でもなく、感性的存在であると同時に制作する存在でもあるだろう。

第二に、実践の必然性として。ランシエールがハバーマスに反して強調するように、デモクラシーとは多様な利害のあいだの理性的なコミュニケーションではなく、自分の声を聞かせ、正しいパートナーであることを認めさせようとする闘いであった。したがって「排除された者」が統治者に抗議するとき、明示的な要求(例えば給与や労働条件の改善)を求めているだけでなく、耳を傾け、討議の平等なパートナーとして認められる権利そのものを求めているのである。その意味でランシエールの言うデモクラシーとは、コンセンサス形成ではなくディセンサス(不合意)の実践なのである。

しかし、この実践の可能性が日本では今や封殺されている。二〇〇六年三月、フランス政府が策定した雇用「機会均等」法のなかに、二六歳以下の若者を雇用する際、二年以内であれば理由なく解雇できるという初期雇用契約（ＣＰＥ）制度が含まれていた。これに対して学生と労働者の怒りが爆発し、デモは、全国で三〇〇万人、パリで七〇万人が参加、公共交通機関、郵便局、公立学校、銀行や電力会社など幅広い業種でゼネストが行われた。これに対する日本のマスメディアの反応は一貫していた。典型的なのは、朝日新聞パリ支局長、富永格の署名のある記事だった。彼は、「重要政策が街角で揺らぐ風土も健全といえるのか。（……）自由な意思表示は民主国家のあかしだ。同時に、兵舎や宮廷や街頭で国が動かないようにする知恵が、議会制民主主義ではなかったのか[13]」と述べている。「兵舎や宮廷」と「街頭」を同列に置く粗雑さにはあきれるほかはないが、日本のマスメディアの一般的論調を戯画的に示している。

ランシエールによれば[14]、このＣＰＥをめぐる闘争で問題になったのは、実はフランスの政治制度が、「公共のことがらについて各自が議論し、決定できるシステムとしてのデモクラシー」の理念から遠く離れ、「このシステム全体が崩壊にさしかかっている」ことであった。というのも、問題がこれほど大きくなったのは、代表制を絶対視するドヴィルパン首相が、議会を通った法は必ず施行されなければならないと主張して、法の取り下げを拒否し続けたからである。代表制とは原理上寡頭制であり、すくなくともつねに主権者である民衆による監視と是正がなければならない。そのためにデモやストが果たす役割は大きい。民衆は政府に白紙委任状を渡したわけではない。法や政策に対してデモやストで意思表示をすることこそ「民主主義国家のあかし」なのである。英国では二〇〇六年三月二八日、「ブレア年金改革」に反対して、地方公共団体職員ら約一五〇万人が二四時間ストを行った。米国では「不法移民への規制強化」に反対してヒスパニック系市民を中心とするデモが全国で続き、多くの中高生が授業をボイコットしている。

ただしランシエールは、デモやストだけがデモクラシーの現れだと述べているわけではない。投票がデモクラシーとなることもある。例えば本書でも問題になっている二〇〇二年の欧州憲法の批准を認めなかった国民投票である。それは、専門家や少数グループによる世界の支配からの決別という点で新たな局面を示すものだった。またデモやストが、たんに待遇改善を目的とするものである場合には、デモクラシーとは無関係であることもある。

戦後民主主義の清算を掲げた内閣が自壊したが、「国民投票法」という改憲への準備は怠りなく進められている。戦後民主主義の象徴である憲法が改悪されようとしている現在、日本のデモスがどのような態度をとるかが問われている。デモクラシーを求めるのか、さもなければ政治家と官僚による寡頭制の継続と強化を望むのか。それは、われわれがどのような社会と統治を望むのか、それをどのような形で実践的に示すかにかかっている。

原註／訳註

原註は（1）（2）……、訳註および訳者解説註は［1］［2］で示す。

序

［1］二〇〇四年一二月、パリ市内と南東郊外を結ぶ首都郊外線ＲＥＲの車両内で、ナイフをもった北アフリカ系の男六人が、幼児を連れた若い女性（二三歳）を襲う事件が起きた。被害者の証言によれば、男たちは被害者を取り囲み、被害者の身分証明書を取り上げ、住所がユダヤ人が多く住む地域だったことから、被害者がユダヤ系でなかったにもかかわらず「ユダヤ人だ」と叫んで、彼女の髪を切り、衣服をズタズタにして、彼女の腹部にナチスのカギ十字をペンで書いて逃走した。この間、居合わせた多数の乗客は無言で、列車の緊急停止レバーを引く客もいなかった。この事件は、フランス国内でユダヤ人差別事件が続いていたこともあって、大きな話題になったが、後にこれがすべて女性の作り話だったことが判明、翌年七月二六日、禁固四か月（執行猶予つき）の判決が言い渡された。

［2］二〇〇四年三月、公教育の場での非宗教性を徹底するための法律が成立した。その結果、公立学校では、イスラム教徒の女生徒のヒジャーブ（髪をおおうヴェール）だけでなく、ユダヤ教徒のキッパ（小さな丸帽子）や、大きな十字架のアクセサリーの着用も禁止された。しかし、実質的には五〇〇万人にのぼるフランス国内のイスラム教徒に対する弾圧だと受けとめられ、国外にまで波紋が広がった。八月にはイラクの武装組織がフランス人記者二人を人質にして同法の撤廃を要求する事件

が起こった（一二月に解放）が、九月に施行された。

［3］本書一九一頁訳註［18］、二〇〇頁訳註［31］参照。

［4］二〇〇一年九月、グランゼコールの中でも最も選抜の厳しいパリ政治学院のリシャール・デコワン（Richard Descoings）院長は、経済的に恵まれない家庭が多い教育優先地区（ZEP）の高校出身者を対象とした特別選抜制度を開始した。

［5］二〇〇一年四月末に放映開始されたTV番組『ロフト・ストーリー』が、フランスで大ブームになり、「ロフト中毒」を生むなど、社会現象を引き起こした。これは、前年に英国などで評判になった番組『ビッグ・ブラザー』のフランス版で、一一人の男女が、二か月間一つのアパートで生活を共にする様子を、至るところに仕掛けられたカメラによってのぞき見て、視聴者の投票で一人ずつ退場させるという内容。批判にもかかわらず、同様の番組は現在も続いている。

［6］二〇〇四年六月五日、フランス南西部ベグル市のノエル・マメール市長（緑の党）が、「同性愛者と異性愛者が同等の権利を持てないのは人権侵害だ」として、フランス国内で初めて男性カップルの婚姻手続きを受理、内務省から処分を受けた。これをきっかけにして同性愛者の結婚の是非をめぐる議論が起こり、総選挙の争点の一つになった。

［7］フランスは、一部健康保険が適用されることもあって、アメリカに次いで生殖補助技術による出産が多い国であり、例えばこれまでに約二万人の体外受精児が誕生している。一九九四年に成立した「生命倫理法」で、生殖補助技術による出産は男女のカップルのみ、双方の合意のもとでのみ認められるが、結婚しているかどうかは問われない。ただし、双方が生存していることと、最低二年間共同生活を送っていること、「医学的に認められた特定の症状を伴う不妊症の治療を目的としている」場合に限られる。

勝利した民主主義から犯罪的な民主主義へ

（1）« Democracy stirs in the Middle East », *The Economist*, 5/11 mars 2005.

（2）Michel Crozier, Samuel P. Huntington, Jôji Watanuki, *The Crisis of Democracy: report on the governability of democracies to Trilateral Commission*, New York University Press, 1975.〔サミュエル・P・ハンチントン、ミシェル・クロジェ、綿貫譲治『民主主義の統治能力《ガバナビリティ》――その危機の検討』綿貫譲治監訳、日米欧委員会編、サイマル出版会、一九七六年〕。日米欧委員会は、米国、西欧、日本の政府首脳、専門家、実業家が集まった検討会を母胎にして、一九七二年に設置された。後の「新世界秩序」の構想を練り上げた功績が認められている。

［8］ペイシストラトス（前六〇〇頃―前五二七頃）。古代アテナイの貴族で僭主。強力な護衛部隊を設立し、貴族を弾圧して小農民や商工業者を保護した。穏健で先見の明がある統治者だったといわれ、アッティカの小さな農地統合を推進し、とくに黒海周辺地域での交易を発展させた。芸術家のパトロンとなり、詩人たちを招いてアテナイに住まわせ、宗教の祭式を組織・拡大し、国家の一体感を養おうとした。「ペイシストラトスの息子たち」と呼ばれるヒッピアス、ヒッパルコスが後を継いだが前五一〇年に倒された。

（3）アリストテレス『アテナイ人の国制』一六章。

［9］Jean-Claude Milner (1941–). フランスの言語学者、精神分析家。高等師範学校でアルチュセールに学ぶ。また、ロラン・バルトの言語学と生成言語学を学ぶ。ラカン派の Cahier pour l'analyse の共同設立者（一九六六）。ランシエールも務めた国際哲学院（Collège international de Philosophie）院長を務めたことがある。専門書以外にも、社会評論など旺盛な執筆活動で知られる。

（4）そのためには、次のジャン＝クロード・ミルネールの主著を参照されたい。Jean-Claude Milner, *Les Noms indistincts*, Paris, Le Seuil, 1983.

［10］六日間戦争は、第三次中東戦争、あるいは六月戦争とも呼ばれ、一九六七年六月五日から

一〇日、イスラエルとアラブ連合（エジプト）、シリア、ヨルダンとのあいだで起きた戦争である。この戦争の結果、イスラエルはガザ地区とヨルダン川西岸地区の支配権を獲得し、シナイ半島とゴラン高原を軍事占領下に置いた。シナイ戦争は、第二次中東戦争、あるいはスエズ危機、スエズ戦争とも呼ばれ、一九五六年一〇月二九日から一一月八日、エジプトとイスラエル、イギリス、フランスがスエズ運河をめぐって起こした戦争である。アメリカ合州国がエジプト側に有利な停戦案を提示し、結果としてエジプトのスエズ運河国有化を容認することになった。

（5）Samuel P. Huntington, *Le Choc des civilisations*, Paris, Odile Jacob, 1997.〔サミュエル・ハンチントン『文明の衝突』鈴木主税訳、集英社、一九九七年。ハンチントンは日米欧委員会のメンバー〕

[11] François Furet, *Penser la Révolution française*, Éditions Gallimard, 1978.〔フランソワ・フュレ『フランス革命を考える』大津真作訳、岩波書店、一九八九年〕

[12] Claude Lefort (1924–). フランスの政治哲学者。社会科学高等研究院の教授（一九七六–一九九〇）を務めた後、レーモン・アロン政治研究センターの所員。全体主義の哲学的考察から、民主主義の哲学を構築。民主主義を、世論や関心が順に交替し、権力がつねに形成途上にあるような政治体制として捉えた。マキアヴェリ、メルロ＝ポンティについての研究、旧東欧圏についての考察でも知られる。

（6）Claude Lefort, *L'Invention démocratique : les limites de la domination totalitaire*, Paris, Fayard, 1981を参照のこと。

[13] Augustin Cochin (1876–1916). フランスの哲学者。第一次世界大戦で戦死。当時王党派の大臣であったDenys Cochin男爵の息子として公然たる王党派であり、アクション・フランセーズの『ルヴュ・グリーズ』誌に協力。『思想結社と民主主義』、『革命と自由思想』などの著作で、思想的教養の真実はその言表にではなく方法にあると主張した。フュレは『フランス革命を考える』のなかで、コシャンに拠りながら、フランス革命の急進化の原

因を「思想結社」に見た。それによれば、フランス革命という民主主義の実験が開始され、正常な政治的制度が機能停止に陥り、権力に空白が生じたため、それを埋める形で「思想結社」に拠るイデオローグが登場し、「人民」を標榜して権力闘争を繰り広げ、最も過激な意見が勝利を占めるに至ったことになる。

（7）Augustin Cochin, *Les Sociétés de pensée et la démocratie moderne*, Paris, Copernic, 1978.

（8）Giorgio Agamben, *Homo sacer I. Le pouvoir souverain et la vie nue*, Paris, Seuil, 1997〔『ホモ・サケル —— 主権権力と剝き出しの生』高桑和巳訳、以文社、二〇〇三年〕およびJ. Rancière, « Who is subject of the Rights of Man? », *South Atlantic Quarterly*, 103, 2/3, Spring/Summer 2004を参照のこと。

（9）Dominique Schnapper, *La Démocratie providentielle*, Paris, Gallimard, 2002, pp. 169-170.

[14] 一九九九年、フランスは憲法を改正した上で、パリテ（男女同数）法を可決した。以後、政党や政治団体は、議員職、役職の男女同数を求められることになった。憲法改正が必要だったのは、一九八二年、フランスの憲法裁判所が、地方選挙の候補者のうちの四分の一以上は女性でなければならないと定めたクォータ制（割当制）に、違憲判断を下していたからである。それは、第一に主権者市民の資格の普遍性、第二に国民主権の不可分性、第三に結果の平等に帰結するからであった。

[15] カール・マルクス『共産主義者宣言』金塚貞文訳、太田出版、一九九三年、一一二－一一三頁。

[16] 同書、一一三頁。

（10）*La Démocratie providentielle*. 強調はランシエール。

（11）現代のネオ・トクヴィル主義に至る、多様でときにはねじれた道筋について、とくに伝統的カトリックのトクヴィル解釈が提示する「消費社会」のポストモダン社会学への再回帰については、次を参照。Serge Audier, *Tocqueville retrouvé. Genèse et enjeux du renouveau tocquevillien français*, Paris, Vrin, 2004.

[17] Gilles Lipovetsky (1944－). フランスの哲学者、社会学者。グルノーブル大学哲学教授。大衆

社会論で知られる。第一作『空虚の時代』は、現代をフランス革命に次ぐ第二の個人主義革命の時代として捉え、一九六八年以降のグローバルな社会変動、つまり消費革命とライフスタイルの変化、プライベートな領域の拡大、健康とエコロジー志向などを、情報と表現を主体とする未曾有の個人主義の時代へ向かう過程として描いた。

(12) Daniel Bell, *The cultural contradictions of Capitalism*, New York, 1976.〔ダニエル・ベル『資本主義の文化的矛盾』(全三巻)林裕次郎訳、講談社学術文庫、一九七六－一九七七年〕。ベルにおいてはまだ、ピューリタニズムの諸価値への回帰が、社会正義への配慮と結びついていたことに注意しておかなければならない。この配慮は、フランスでベルの問題構制を踏襲した人々においては姿を消している。

(13) Gilles Lipovetsky, *L'Ère du vide : essais sur l'individualisme contemporain*, Paris, Gallimard, 1983, pp. 145-146.〔ジル・リポヴェツキー『空虚の時代――現代個人主義論考』大谷尚文・佐藤竜二訳、法政大学出版局、二〇〇三年、一四七－一四八頁〕

(14) Jean Baudrillard, *La Société de consommation. Ses mythes, ses structures*, Paris, S.G.P.P., 1970, p. 88.〔ジャン・ボードリヤール『消費社会の神話と構造』今村仁司・塚原史訳、紀伊國屋書店、一九七九年、五〇頁〕

[18] 一九九五年一一月、ジュペ内閣は、財政赤字を削減してEU通貨統合への参加条件をクリアするために医療・公共企業年金の改革を中心とする社会保障改定計画を発表。民営化問題もかかえていた国鉄、郵便電話公社、電力ガス公社、都市交通など公共企業の労働者が激しく反発し、国民の支持を受けたストが一か月近く続き、一年半後の解散総選挙における左翼の勝利と左翼連立内閣復活の原因となった。これに対して、例えば『エスプリ』誌の編集長は、政府の「大胆な」計画を支持し、労働者の「組合主義的な利害関心」を断罪する記事を発表した(Olivier Mongin, *Le Monde*, 9 décem-

bre 1995)。本書二〇〇頁訳註［31］も参照。

［19］ピエール・ブルデュー、ジャン＝クロード・パスロン『再生産——教育・社会・文化』宮島喬訳、藤原書店、一九九一年。

［20］Jule Ferry (1832 – 1893). フランスの政治家。弁護士として共和主義者の弁護を専門に請け負うとともに、新聞に定期的に寄稿して第二帝政を批判。共和派議員として当選（一八六九）、普仏戦争下の国防政府のメンバーとなる（一八七〇）とともに、パリ市長を務める（一八七〇—一八七一）。その後、国民議会の議員（一八七一—一八八九）。なかでも、教育相時代、ジュール・フェリー法と呼ばれる一連の教育法を策定（一八七九—一八八〇）、私学による学位授与の禁止、無許可宗教団体の解散などを行った。その後も首相として、初等教育の無償化や女子中等教育の拡充（一八八〇—一八八一）を、再度教育相としてライシテ（政教分離と義務教育に関する法律や、女子高等師範学校の設置および女性に対するアグレガシオン（高等教育教員資格国家試験制度）などを実行に移した（一八八二）。フランスの植民地拡張を熱狂的に支持したことでも知られる。

［21］Jean-Claude Milner, *De l'École*, Éditions du Seuil, 1984.

（15）ルナンのテーゼは次の書に要約されている。E. Renan, *La Réforme intellectuelle et morale*, in *Œuvres complètes*, Paris, Calmann-Lévy, t.1, pp. 325-546. このテーゼが、ルナンにおいては、聖堂建設事業に労働と信仰を捧げた中世のカトリック教徒への感傷的なノスタルジーを伴っていることは、けっして矛盾ではない。エリートは「プロテスタント」すなわち個人主義者で教養がなければならず、民衆は「カトリック」すなわち団結が固く、学識者であるよりも信仰者でなければならない。これが、ギゾーからテーヌやルナンに至る一九世紀のエリートの思想の核心である。

（16）Jean-Louis Thiriet, « L'École malade de l'égalité », *Le Débat*, n° 92, novembre /décembre 1996.

(17) これらのテーマの展開に関して興味のある読者は、アラン・フィンケルクロートの全著作、とりわけ Alain Finkielkraut, *L'Imparfait du présent*, Paris, Gallimard, 2002を、あるいはもっと手っ取り早く、フィンケルクロートとマルセル・ゴーシェの対談を参照するとよいだろう。Alain Finkielkraut avec Marcel Gauchet, « Malaise dans la démocratie. L'école, la culture, l'indivisualisme », *Le Débat*, n° 51, septembre/octobre 1988. もっと現代風のパンクなネオ・カトリックスタイルのヴァージョンとして、モーリス・ダンテックの著作集を参照〔ダンテック（Maurice Dantec）は、フランスのサイバーパンク小説家。「フランスのイスラム化」から逃れてカナダのモントリオールに移住。同地で、保守系のフランス語雑誌『エガール』（*Égards*）に協力して、彼によればフランスの左翼や保守派、イスラム教徒が体現しているという現代のニヒリズムに対抗して、「キリスト教未来信者」の論陣を張っている〕。

(18) *L'Imparfait du présent, op.cit.*, p. 164.

(19) *Ibid.*, p. 200.

(20) Jean-Jacques Delfour, « Loft Story : une machine totalitaire », *Le Monde*, 19 mai 2001. 同じテーマについて、また同じトーンの、以下を参照。Damien Le Guay, *L'Empire de la télé-réalité : comment accroître le « temps de cerveau humain disponible »*, Paris, Presses de la Renaissance, 2005.

(21) Lucien Karpik, « Etre victime, c'est chercher un résponsable », propos recueillis par Céline Prieur, *Le Monde*, 22-23 août 2004. 周知のように、犠牲者による民主主義的専制の告発が、世論の主流のなかでかなり重要な地位を占めている。このテーマに関してはとりわけ次を参照。William Goldnagel, *Les Martyrocrates: dérives et impostures de l'idéologie victimaire*, Paris, Plon, 2004.

(22) この観点から、ミルネールの次の著書を読むのは有益だろう。Jean-Claude Milner, *Le Salaire de l'Idéal : la théorie des classes et de la culture au XXe siècle*, Paris, Le Seuil, 1997. 同書では、同じジャン＝クロード・ミルネー

ルが、『民主主義的ヨーロッパの犯罪的傾向』では民主主義の無制約化の避けがたい発展のプロセスだとされているものを、資本主義の発展に役立たなくなった「賃金労働者ブルジョアジー」の不幸な運命というマルクス主義の用語を使い分析している。

(23) Jean-Claude Milner, *Les Penchants criminels de l'Europe démocratique*, Verdier, 2003. 同書の諸命題について私が加えた指摘に返答をくれたジャン゠クロード・ミルネールに感謝したい。

(24) Benny Lévy, *Le Meutre du pasteur. Critique de la vision politique du monde*, Grasset-Verdier, 2002.

[22] Benny Lévy (1945–2003). フランスの思想家。別名ピエール・ヴィクトール。アルチュセールに学ぶ。晩年のサルトルと親交を結び、一九七四年から八〇年まで彼の秘書を務める。一九七八年にレヴィナスを「発見」して傾倒、ベルナール゠アンリ・レヴィやA・フィンケルクロートとともにイエルサレムに設立したレヴィナス研究所を拠点に活動した。

(25) *Le Meutre du pasteur, op.cit.*, p. 313.

（26）プラトン『国家』VIII, 562d-563d.

（27）プラトン『法律』III, 690a-690c.

［23］古代ギリシャ最大の合唱隊詩人。テーバイの近郊キュノスケファライに生まれた。残された作品の中でも『競技祝勝歌集』四巻が、古典期以前のギリシャ抒情詩人としてはまったく例外的に、現在までほぼ完全な形で伝わっている。これらの歌はホラティウスやクインティリアヌスといったローマの鑑賞者たちからも絶賛されたばかりでなく、ヘルダーリンやドライデンなどの近代の詩人から憧憬にも近い愛情を捧げられた。

（28）歴代社会党政権の一つで、大学教員人事委員会のメンバーをくじ引きで決めるという案が出たときに、このことは証明された。いかなる実際的な議論する人も、この方策に反対しなかったのである。実際そこにいたのは、定義上等しい学問的能力をもつ諸個人からなる、限られた数の人間だった。しかし、ただ一つの能力が損なわれていた。すなわち圧力団体のためうまく策謀をめぐらすという不平等な能力である。この試みが長続きしなかったのも当然である。

（29）この点に関しては、ベルナール・マナンの次の著書を参照。Bernard Manin, *Principes du gouvernement représentatif*, Paris, Flammarion, 1996.

［24］前六世紀のアテナイの政治家。ペイシストラトスの僭主政と戦いつつアテナイ民主制を確立した改革者。前五一〇年にスパルタ軍の援助を得て、僭主ヒッピアス一族を追放。寡頭派のイサゴラスと争って、行政区と部族改編を基礎とする新体制を樹立した。これは、アッティカ全土を都市部・内陸部・海岸部に分け、これをさらに一〇地区に区分、また三部の一地区ずつをくじ引きで選んで結合して一部族とするもの。これによって、従来の四部族制度に代わって、一〇部族すべてが都市部・内陸部・海岸部からなり、市民間の利害が混交された。部族の下には行政区がおかれ、評議会は、各部族が選出した五〇人の評議員からなる五百人評議会となり、評議員は各区からだいたい人口に比例して選出されること

になった。陶片追放も彼の改革の一環。

(30) Jean-Claude Milner, *Les Penchants criminels de l'Europe démocratique, op.cit.*, p. 81.

(31) J. Rancière, *La Mésentente. Politique et philosophie*, Paris, Galilée, 1995〔ジャック・ランシエール『不和あるいは了解なき了解』松葉祥一・大森秀臣・藤江成夫訳、インスクリプト、二〇〇五年〕および *Aux bords du politique*, Folio Gallimard, 2004を参照のこと。

民主制、共和制、代表制

(32) これはピエール・ロザンヴァロンの以下の本からの引用である。Pierre Rosanvallon, *Le Sacre du citoyen : histoire du suffrage universel en France*, Paris, Gallimard, 1992, p. 281.

(33) Hannah Arendt, *Essai sur la révolution*, Paris, Gallimard, coll. « Tel », 1985, p. 414〔ハンナ・アレント『革命について』志水速雄訳、ちくま学芸文庫、一九九五年、四二九頁〕

(34) この点についてはロザンヴァロンとベルナール・マナンの前掲書をそれぞれ参照のこと。

(35) ジョン・アダムズによれば、民主主義が意味するのは「政府をまったくもたない民衆の観念である」。次の著作からの引用。Bertlinde Laniel, *Le Mot « democracy » et son histoire aux États-unis de 1780 à 1856*, Presses de l'Université de Saint-Étienne, 1995, p. 65.

[25] オリヴイエ・ブラン『女の人権宣言』辻村みよ子訳、岩波書店、一九九五年、二七二頁。

(36) アメリカ南部諸州の人種差別的諸法に関しては、次の著作を参照していただきたい。Pauli Murray ed., *States Laws on Race and Color*,

University of Georgia Press, 1997. 同書を読むことによって、こけおどしに「共同体主義」をたえず振りかざす人々に、厳密に理解したとき共同体アイデンティティを守ることが何を意味しうるかについて、些か明確な考えをもたらすことができるだろう。

(37) 次を参照。*Discours et opinions de Jules Ferry*, édités par Paul Robiquet, Paris, A. Colin, 1893–1898. 同書の三巻と四巻は、学校法にあてられている。フェルディナン・ビュイッソンは、「一九〇五年一二月二〇日、ジュール・フェリー顕彰ソルボンヌ記念式典」における発言のなかで、とくに一八八一年四月一九日の教育会議でのフェリーの次の宣言を引用しながら、穏健派フェリーの教育問題でのラディカルさを強調している。「以後、中等教育と初等教育のあいだにはもはや、個人的にも方法的にも、乗り越え不可能な淵はない」。一九八〇年代の「共和主義者」たちのキャンペーンが思い出されるだろう。彼らは、小学校教師が「一般教育の教員」として中学校に侵入していると告発し、教師たちの能力の具体的現実を検討しようともせずに、中等教育の「初等教育化」を嘆いたのである。

(38) Alfred Fouillée, *Les Études classiques et la démocratie*, Paris, A. Colin, 1898を参照のこと。この時代におけるフイエという人物の重要性を判断するためには、彼の妻〔ジャン＝マリー・ギヨー〕が『二人の子どものフランス一周旅行』という共和主義的教育文学のベストセラーの著者であったことを思い出しておく必要がある。

[26] Alfred Fouillée (1838–1912). フランスの哲学者、社会学者。独学で哲学を修め、大学教員となる。フイエは、「イデア論と自然主義を和解させること」、つまりプラトン哲学と近代科学を統合することを課題とした。そのために彼は、活動と不可分な観念力（idées-forces）の概念を提案した。この意識の力動理論によって、観念は変化と進展のための動作主になる（*L'Evolutionnisme des idées-forces*, 1890; *La Psychologie des idées-forces*, 1893）。社会学と倫理学の領域では、個人と社会の相互依存を強調した（*Critique des*

systèmes de morale contemporaine, 1883)。ウィリアム・ローグ『フランス自由主義の展開 1870–1914 —— 哲学から社会学へ』南充彦他訳、ミネルヴァ書房、一九九八年参照。

(39) Alfred Fouillée, *La Démocratie politique et sociale en France*, Paris, 1910, pp. 131–132.

[27] 本書訳者解説参照。

憎悪の理由

(40) Raymond Aron, *Démocratie et totalitarisme*, Gallimard, « Idées », 1965, p. 134.

[28] フランスでは、国立行政学院（ENA）と理工科学校《エコール・ポリテクニーク》、とくに両校の成績優秀者五〇人が、政治、経済、行政のエリートの供給源になっている。ここからジスカール＝デスタン、シラクという二人の大統領と、ジュペ、バラデュール、ロカール、シラク、ファビウスという五人の首相が生まれた。同様に、大手製造業五〇社のトップ四〇%、大手一〇銀行のトップ七〇%を輩出している（人事院『フランスENA官僚の実像』一九九九年一一月、二九頁）。高級官僚はさらに多く、例えば国務院、財政監査総局、会計検査院のメンバーを合計した数の四分の三がENAの卒業生であり、財政監査局では九〇%以上に達している（永井良和『フランス官僚エリートの源流』芦書房、一九九一年、一四二頁）。とくに、ENA卒業生《エナルク》の政治権力は強く、フランスはENA支配《エナルシー》の国だとも言われる。

[29] 二〇〇五年五月二九日にフランスで行われ

たＥＵ憲法批准の是非を問う国民投票は、反対派が有効投票の五四・六七%を得て勝利を収めた。この投票は、ＥＵ憲法そのものの是非を問うというよりも、欧州の統合と拡大、自由主義的な通商政策・規制緩和政策、要するに新自由主義的グローバリゼーションの是非が問われたと評価された。賛成派はパリ周辺のグローバリゼーションによって利益を得ている層であり、反対派は地方の敗者だと言われ、賛成票が平均を上回ったのはパリなど大都市の近県に限られる。シラク大統領ら政府首脳は、もしフランスが批准を拒否すればＥＵにおけるフランスの指導力が著しく低下すること、ＥＵ憲法が「ウルトラ・リベラル」なグローバリゼーションに対する防護壁として役立つと繰り返し力説した。それに対して農民運動のリーダーであるジョゼ・ボヴェらは、「これは民主的反乱だ」と言い、郵便で受け取る憲法条文をシラク大統領に送り返すよう提案した。フランスの翌月にはオランダでも、国民投票で批准が否決された。

(41) 現在、「自由主義《リベラリズム》」という語にはあらゆる混同の可能性がある。ヨーロッパ左翼はこの語を、資本主義というタブー語を避けるために使う。ヨーロッパ右翼はこの語を、自由市場と民主主義が共存する世界観だとする。リベラルという語が宗教、家族、社会を破壊する左翼のものだと考えているアメリカの福音主義的右翼は、われわれに、両者がまったく異なるものであることをよいタイミングで思い出させてくれる。自由の長所と自由の不在の長所とを有利に組み合わせている「共産主義」中国の、自由競争市場における重要性と、アメリカ国債の購入に占める重要性は、このことを別の仕方で証言してくれる。

(42) Linda Weiss, *The Myth of the powerless State: governing the Economy in a global Era*, Ithaca, Polity Press, 1998を参照。

[30] 二〇〇五年三月二四日米フロリダ州で、植物状態だった女性テリー・シャイボ（四一歳）について、連邦最高裁が、生命維持用の栄養チューブの再挿入を求める両親の訴えを退ける決定を下した。シャイボは一五年前からチューブによる栄養補給を受けてきたが、七年

前から尊厳死を求める夫と、延命を訴える両親の対立が続いてきた。キリスト教右派や保守層などが尊厳死に強く反対し、ブッシュ大統領やブッシュ・フロリダ州知事、議会が介入、全米を巻き込んだ政治問題となっていたが、三月一八日、州裁判所の指示でチューブが取り外された。この最高裁の決定の後、両親も法廷闘争を断念、シャイボは三月三一日ホスピスで衰弱死した。

［31］一九九五年一一月に提出された保守政権の社会保障改革プラン（「ジュペ・プラン」）をきっかけに、一か月近くにおよんだ全国争議。財政赤字を削減して、フランスがＥＵ通貨統合参加への基準をクリアすることを狙った同プランに対して、経営再建や民営化をめぐる労使対立を抱えていた国鉄、郵便電話公社、電力ガス公社、パリ都市交通などの公共企業労働者を中心に激しい反発が起き、市民の支持を受けてストは長期化、政権は改革案の撤回に追い込まれた。またこの運動は、労働運動にとどまらず社会運動の性格をもっていたという指摘がある。不安定雇用の増大、失業の定常化、不平等の拡大といった状況のなかで、労働組合のみの運動ではなく、移民、女性、青年、非正規労働者、失業者などをも含む広範な社会層との連帯がはかられ、その後広がっていくきっかけになったからである（クリストフ・アギトン、ダニエル・ベンサイド『フランス社会運動の再生——失業・不安定雇用・社会排除に抗し』湯川順夫訳、柘植書房新社、二〇〇一年）。本書一九一頁訳註［18］も参照。

（43）この比喩形象の発生について、および普遍的なものと被抑圧者の代弁者としての知識人という伝統的比喩形象に対するこの比喩形象の新しさについては、次を見よ。J. Rancière, « La legende des intellectuels », in J. Rancière, *Les Scenes du peuple*, Horlieu, 2003.

［32］Léon Bloy (1846–1917). フランスの作家。熱心なカトリック信者であり、反ユダヤ主義の論客として知られた。ボルヘスはこの作家の『薄気味わるい話』（田辺保訳、国書刊行会、一九八九年）の序文で、ブロワの露悪的で、ある種潔癖ともいえる文体を指して「こちら

がどのくらい元気な状態かに応じて、耐え難いとも素晴らしいとも受け取れる、ある紛れもない文体を練り上げた」と評している。他に、次の翻訳がある。『フィアンセへの手紙』磯見辰典訳、中央出版社、一九五七年。『貧しき女——現代の挿話』水波純子訳、中央出版社、一九八二年。『絶望者』田辺貞之助訳、国書刊行会、一九八四年。

(44) Maurice Dantec, *Le Théâtre des opérations : journal métaphysique et politique 2000–2001. Laboratoire de catastrophe générale*, Folio, Gallimard, 2003, p. 195.

[33] Erich Nolte (1926–). ドイツの歴史家。ベルリン自由大学教授。一九八六年六月に『フランクフルターアルゲマイネ』紙に論文「過ぎ去ろうとしない過去」を発表、ハーバーマスが七月に『ツァイト』紙で批判を加えたことから「歴史家論争」が始まった。J・ハーバーマス、E・ノルテ他『過ぎ去ろうとしない過去』徳永恂他訳、人文書院、一九九五年参照。

(45) このテーマに関するすぐれた詞華集として、次を見よ。*Vie et opinions de Frédéric Thomas Graindorge* de Taine, Paris, 1867.「文学における民主主義」については、次の『ボヴァリー夫人』への批評を参照。Armand de Pontmartin, in *Nouvelles Causeries du samedi*, Paris, 1860.

(46) Ulrich Beck, *Democracy without enemies*, Cambridge, Polity Press, 1998 および Pascal Bruckner, *La Mélancolie démocratique : comment vivre sans ennemis?*, Paris, Seuil, 1992 を参照のこと。

(47) Michael Hardt et Antonio Negri, *Empire*, Paris, Exils, 2000〔マイケル・ハート、アントニオ・ネグリ『〈帝国〉』水嶋一憲・酒井隆史・浜邦彦・吉田俊実訳、以文社、二〇〇三年〕および *Multitude : guerre et démocratie à l'âge de l'empire*, Paris, La Découverte, 2004〔マイケル・ハート、アントニオ・ネグリ『マルチチュード——〈帝国〉時代の戦争と民主主義』幾島幸子訳、NHK出版、二〇〇五年〕を参照のこと。

デモクラシー、不合意、コミュニケーション

［1］本稿は、二〇〇四年一月二四日、大阪大学待兼山会館で行われた講演会の原稿（Démo-cratie, dissensus, communication）の全訳である。ジャック・ランシエールは、文部科学省科学技術振興調整費政策提言「臨床コミュニケーションモデルの開発と実践」（代表者・鷲田清一）の招きで来日した。小見出しは、訳者による。

［2］「あらゆる動物のうちで人間だけが言葉をもっている。おそらく声は苦と快を示す手段である。したがって声は他の動物にも与えられている。動物の本性はそこまでならば達している。つまり、動物は苦と快の感覚をもち、それを互いに指示し合うことができるのである。しかし、言葉は有用なものと有害なものを、そして結果として正と不正を表示するために存する。このことこそ、他の動物にくらべて、人間に固有なことである。つまり、人間は善と悪、正と不正の感覚を有する唯一の存在なのである。ところで、家族や都市国家を生み出すのは、こういったことがらが共有されているからである。」（アリストテレス『政治学』I, 1253a 9-18. 訳文は山本光雄訳、『アリストテレス全集』第15巻、岩波書店、一九八八年より引用）。Jacque Rancière, *La Mésentente : politique et philosophie*, Galilée, 1995, § 1.〔『不和あるいは了解なき了解』松葉祥一・大森秀臣・藤江成夫訳、インスクリプト、二〇〇五年〕参照。

デモクラシーとは何か

［1］Jacques Rancière, *La Mésentente : politique et philosophie*, Paris, Galilée, 1995.〔『不和あるいは了解なき了解――政治の哲学は可能か』〕。

［2］Jean-Claude Milner, *Les Penchants criminels de l'Europe démocratique*, Verdier, 2003.

［3］くじ引き制度と代表制、寡頭制に民主主義の本質を見る指摘など、一九九七年の柄谷行人の考察を参照のこと（「入れ札と籤引き」『日本精神分析』講談社学術文庫、二〇〇七年）

［4］藤沢令夫訳、『プラトン全集』第11巻、岩波書店、一九七六年より引用。

［5］山本光雄訳、『アリストテレス全集』第15巻、岩波書店、一九八八年より引用。

［6］Slavoj Žižek "Afterward" to *The Politics of Aesthetics*, of Jacques Rancière, translated by Gabriel Rockhill, London and New York, Continuum, 2004, pp. 73–74.

［7］レジス・ドゥブレ「あなたはデモクラットか、それとも共和主義者か」水林章訳、『思想としての〈共和国〉』樋口陽一・三浦信孝・水林章との共著、みすず書房、二〇〇六年。

［8］Jacques Rancière, « Le scandale démocratique : une charge en deux temps de Jacques Rancière contre le consensus ambiant », par Jean-Baptiste Marongiu, *Libération*, 15 décembre 2005.〔「デモクラシーというスキャンダル」松葉祥一訳、『現代思想』二〇〇八年一月、一六〇－一六三頁〕

［9］Jacques Rancière, « On est revenu à une campagne traditionnelle » , par Éric Aeschimann, *Libération*, 21 avril 2007.

［10］ランシエール「民主主義は何かを意味するのか」澤里岳史訳、S・ジジェクほか『来たるべきデリダ――連続講演「追悼デリダ」の記録』藤本一勇監訳所収、明石書店、二〇〇七年。

［11］拙論、「『共同性なき共同体』は可能か」『現代思想』、二〇〇四年一二月、一六二－一六九頁。

［12］Rancière, « Le scandale démocratique ».

［13］『朝日新聞』二〇〇五年四月二日。

［14］Jacques Rancière, « CPE. Jacques Rancière dénonce une Ve République en déscomposition : un système qui gouverne sans le peuple », avec Éric Aeschimann, *Libération*, 1er avril 2006.

訳者あとがき

本書は、Jacques Rancière, *La haine de la démocratie*, Paris, La Fabrique, 2005の全訳である。著者の了解を得て、原書にないテクスト「デモクラシー、不合意、コミュニケーション」、および書誌を加えた。本書には英訳がある。*Hatred of Democracy*, translated by Steve Corcoran, London, Verso, 2007.

本書でランシエールが批判するのは、A・フィンケルクロートやJ－C・ミルネールなどフランスの言論界に広がりつつある、民主主義を憎悪する論調である。この論調に共通するのは、民主主義は、性別、年齢、知識、財力など人間の「自然な」価値を否定して過剰な平等を要求してきた結果、社会の自然な秩序を破壊したという見解である。その上で彼らはこうした民主主義の行き過ぎを正し、自然な価値にもとづく自由競争にすべてを委ねるべきだと主張する。それに対してランシエールは、民主主義とはそもそもそうした「自然な」秩序を覆して、何の価値ももたない「とるに足らない人々」が権力を獲得していく実践の過程であり、社会的な不和を生み出すのは当然だと主張するのである。

このような本書の分析は、われわれの〈いま・ここ〉にも、大きな示唆を与えてくれる。というのもランシエールは、民主主義への憎悪の起源をプラトンに探り、そこから『不和あるいは了解なき了解』で提示した民主主義概念にもとづいて批判を行うという、原理的、普遍的な議論を展開しているからである。それゆえ本書の分析は、「戦後民主主義がもたらした行き過ぎた平等」を呪詛する言説が猖獗をきわめている日本においても、こうした言説を原理的に批判し、民主主義に新たな力を吹き込もうとするとき、大きな支えとなりうる。また例えば、代表制を含むあらゆる政治制度が寡頭制にほかならないという分析や、民主主義の決定原理は多数決ではなく「くじ引き」にあるという指摘、そして公的領域と私的領域の関係についての分析も重要である。民営化＝私化に象徴されるように、あらゆる統治者、とくに新自由主義者たちが公的領域を極限にまで縮減しようとするのに対して、ランシエールは民主主義とは「公的領域を拡大するプロセスである」という。例えば家庭という私的領域に活動を限定されていた女性に、公的領域での発言を可能にするプロセスこそ民主主義なのである。これは、例えばプレカリアートの問題を私的契約関係と自己責任の枠に押し込めようとする論調への批判の根拠となりうるだろう。

なお、「デモクラシー、不合意、コミュニケーション」は、政治哲学上の主著『不和あるいは了解なき了解』の著者自身による解説であり、本書を理解する助けになるだけでなく、ランシエールの政治哲学への手引きとなるだろう。これは、ランシエールが二〇〇四年に来日した際に行った講演の原稿であり、今のところ日本以外では活字になっていない(初出＝松葉祥一・山尾智美訳『現代思想』二〇〇四年四月号。ただし、採録にあたって全体を見直した)。また巻末の書誌は、訳者が作成したものを、著者が加筆・訂正したものである。

講演原稿の初出の際の共訳者である山尾智美さん、本文の翻訳を一部手伝ってくださった鈴木康丈さんにお礼を申し上げたい。またとくに今回ジャック・ランシエール氏には、書誌の見直しや、本文で扱われている社会事象についての訳者の質問に対して、丁寧に答えていただいた。記してお礼を申し上げたい。

二〇〇八年六月

・田崎英明『無能な者たちの共同体』，未来社，2007年.
・Jean-Philippe Deranty, "Democratic Aesthetics: On Jacques Rancière's Latest Work", *Critical Horizons: A Journal of Philosophy and Social Theory*, vol. 8, no. 2, December 2007, p. 230-255.
・Tony McKibbin, "A Partial World Viewed: Film Fables and The Future of the Image by Jacques Rancière", *Senses of Cinema*, no. 46, 2008. (Online journal: http://www.sensesofcinema.com/)
・新谷淳一「ランシエール」，『哲学と哲学史』（〈哲学の歴史〉別巻），中央公論新社，2008年，123–140頁.
・市田良彦「スキャンダルとしての民主主義」（書評），『図書新聞』2008年10月4日号.

・Katharine Wolfe, "Aesthetics to Politics: Rancière, Kant and Deleuze", *Contemporary Aesthetics*, vol. 4, 2006. (Online journal: http://www.contempaesthetics.org/)
・白石嘉治・酒井隆史・田崎英明・萱野稔人，松本潤一郎「政治とはなにか」(討議)，『VOL』1号，2006年5月，4–23頁．
・酒井隆史「政治・平等・出来事 —— いま政治を考えるためのブックガイド」，『VOL』1号，2006年5月，50–59頁．
・新谷淳一「文芸・文学・文学史 —— 文学概念の歴史性」，『フランス語フランス文学研究』（日本フランス語フランス文学会）89号，2006年，125–137頁．
・松葉祥一「ジャック・ランシエールにおける政治哲学の可能性」，『フランス哲学・思想研究』（日仏哲学会）11号，2006年，63–71頁．
・星野太「ジャック・ランシエール『美学における居心地の悪さ』」，SITE ZERO Review（2006年11月13日）http://site-zero.net/
・Davide Panagia, *The Poetics of Political Thinking*, North Carolina, Duke University Press, 2006.
・John MacKay, *Inscription and Modernity: From Wordsworth to Mandelstam*, Bloomington, Indiana University Press, 2006.
・Jean-Louis Déotte, *Qu'est-ce qu'un appareil ? : Benjamin, Lyotard, Rancière*, Paris, L'Harmattan, collection « Esthétique », 2007.
・Maria Beatriz Greco, *Rancière et Jacotot : une critique du concept d'autorité*, traduit de l'espagnol (Argentine) par Antonia Garcia Castro, Paris, L'Harmattan, collection « La philosophie en commun », 2007.
・Nick Hewlett, *Badiou, Balibar, Rancière: Re-thinking Emancipation*, London and New York, Continuum, 2007.
・« Litteraturens Politik : Jacques Rancière », *Tidskrift för Litteraturvetenskap*, Nr. 1-2, Göteborg, 2007.
・Sven Ltticken, *Over het werk van Jacques Rancière*, Amsterdam, Valiz, 2007.
・市田良彦『ランシエール —— 新「音楽の哲学」』，白水社，2007年．

Duroux, « Jacques Rancière et ses contemporains, la querelle interminable ». Patrice Loraux, « Qu'appelle-t-on un régime de pensée ? ». Bruno Bosteels, « La leçon de Rancière ». Geneviève Fraisse, « À l'impossible on est tenu ». Stéphane Douailler, « Jacques Rancière et la pluralité des mondes habité : Des sujets et des paroles ailées ». Hubert Vincent, « Lectures de Jacques Rancière ». Renaud Pasquier, « De la critique comme intervention ». Alain Badiou, « Les leçons de Jacques Rancière, savoir et pouvoir après la tempête ». Jean-Luc Nancy, « Rancière et la métaphysique ». Mathieu Potte-Bonneville, « Version du politique, Jacques Rancière, Michel Foucault ». Kristin Ross, « Rancière à contretemps ». Dimitra Panopoulos, « La permanence de l'éclair ». Bruno Besana, « L'ignorance du sensible ». Jacques Poulain, « Dissidence, différend, dissentiment ». Éric Alliez, « Existe-t-il une esthétique rancièrienne ? ». Bernard Aspe & Muriel Combe, « Quitter la scène ». Vanessa Brito, « Rancière et le diagnostic nihiliste ». Jean-Louis Déotte, « Rancière, le post-classique ». Gabriel Rockhill, « Démocratie moderne et révolution esthétique ». Patrick Vauday, « Politique de l'écart ». Philipp Watts, « Images d'égalité ». Adrian Rifkin, « Rancière cinéphile ». Alexandre Costanzo, « La puissance de l'égalité ». Patrick Cingolani, « Philosophie en mouvements ». Michel Agier, « Le gouvernement humanitaire ». Walter Kohan, « Rancière et l'éducation ». Maria-Benedita Basto, « L'écriture dans la colonie ». Éric Lecerf, « Une politique de la réminiscence ». Peter Hallward, « Jacques Rancière et la théâtrocratie ».（［英語版］"Staging Equality: On Rancière's Theatrocracy", *New Left Review*, no. 37, January-February 2006.）Éric Fonvielle, « Une économie de la liberté ».

・Charlotte Nordmann, *Pierre Bourdieu / Jacques Rancière*, Éditions Amsterdam, 2006. ［文庫版］*Bourdieu / Rancière : La politique entre sociologie et philosophie*, collection « Amsterdam Poches », 2008.

・Mark Robson, "Aesthetics, Politics, Philosophy", *Forum Modern Language Study*, no. 42, 2006, p. 464

politique de Jacques Rancière », *Multitude*, n° 22, automne, 2005.
・*Jacques Rancière: Aesthetics, Politics, Philosophy*, edited by Mark Robson, Edinburgh, Edinburgh University Press, Special Issue of the Journal *Paragraph*, vol. 28, no. 1, 2005. ランシエールの論文（前掲）の他，以下を収録：Mark Robson, "Introduction: Hearing Voices". Peter Hallward, "Jacques Rancière and the Subversion of Mastery". Andrew Gibson, "The Unfinished Song: Intermittency and Melancholy in Rancière". Jeremy Valentine, "Rancière and Contemporary Political Problems". Mark Robson, "Jacques Rancière's Aesthetic Communities". Adrian Rifkin, "Il y a des mots qu'on souhaiterait ne plus lire".
・Michael Dillon, "Jacques Rancière, Equality, Pedagogy and the Messianic", *European Journal of Political Theory*, vol. 4, no. 4, 2005, p. 429-452.
・Puspa Damai, "The Killing Machine of Exception: Sovereignty, Law, and Play in Agamben's *State of Exception*", *The New Centennial Review*, vol. 5, no. 3, Winter 2005, p. 255-276.
・Peter Sjølyst-Jackson, "Resistance Incarnate: On Rancière", *New Formations*, no. 57, Winter 2005-6, p. 164-168.
・Diana H. Coole, "Introduction", *Theory & Event*, vol. 9, no. 2, 2006.
・Paolo Palladino, "On Silence and the Constitution of the Political Community", *Theory & Event*, vol. 9, no. 2, 2006.
・Michael J. Shapiro, "After Kant: Re-thinking Hermeneutics and Aesthetics", *The Good Society*, vol. 15, no. 1, 2006, p. 7-10.
・Anne Norton, "Response, or 'The Question Is Who Is to Be Master—That's All'", *The Good Society*, vol. 15, no. 1, 2006, p. 26-30.
・Danny Hoffman, "Disagreement: Dissent Politics and the War in Sierra Leone", *Africa Today*, vol. 52, no. 3, Spring 2006, p. 3-22.
・*La philosophie deplacée : autour de Jacques Rancière, Colloque de Cerisy*, textes réunis par Laurence Cornu et Patrice Vermeren, Bourg-en-Bresse, Horlieu, 2006. ランシエールの論文（前掲）の他，以下を収録：Yves

2005年3月，未公刊.
・Stewart Martin, "Culs-de-sac (Jacques Rancière, *The Politics of Aesthetics*; Alain Badiou, *Handbook of Inaesthetics*)", *Radical Philosophy*, no. 131, May-June 2005, p. 39-44.
・Mark Neocleous, "Tinker, Tailor…(Jacques Rancière, *The Philosopher and His Poor*)", *Radical Philosophy*, no. 131, May-June 2005, p. 45.
・市田良彦「ジャック・ランシエール著『不和あるいは了解なき了解――政治の哲学は可能か』」(書評)，『読書人』2005年6月3日号.
・André-Louis Paré, "Jacques Rancière, *Malaise dans l'esthétique* (Book Review)", *Parachute*, no. 119, July 2005.
・田崎英明「無を数える，言葉を所有する――政治の条件（ランシエール『不和あるいは了解なき了解』」(書評)，『未来』466号，2005年7月，32–36頁.
・Bruno Besana, « Art et philosophie (Badiou, Deleuze, Rancière) : le problème du sensible à l'âge de l'ontologie de l'événement », *Les Cahiers de PATP*, juillet 2005, p. 1-16.
・Giuseppina Mecchia, "*The Politics of Aesthetics: The Distribution of the Sensible* (review)", *symploke* , vol. 7, no. 1-2, 2005, p. 338-340.
・Erin Manning, "The Craft of Politics: Witching Times", *Theory & Event*, vol. 8, no. 3, 2005.
・Samuel Allen Chambers, "The Politics of Literarity", *Theory & Event*, vol. 8, no. 3, 2005.
・Jean-Philippe Deranty, "(Book Review) Jacques Rancière, *The Flesh of Words. The Politics of Writing*", *Philosophy in Review*, vol. 25, no. 6, 2005.
・Sophie Berrebi, « Jacques Rancière: Esthetiek is politiek », *Metropolism*, vol. 26, no. 4, 2005, p. 64–72.
・安川慶治「私たちが失ってしまった〈政治〉を曖昧な喪の状態から引き出す」(書評)，『図書新聞』2740号，2005年9月3日，3頁.
・Yoshihiko Ichida, « Les aventures de la Verkehrung : À propos de l'ontologie

Writing in a Time of War", *Anthropological Quarterly*, vol. 77, no. 2, Spring 2004, p. 323-330.
・Gabriel Maissin, « La philosophie de l'émancipation chez Jacques Rancière », *Politique : revue de débat*, n° 35, juin 2004.
・Elie During, « Le malaise esthétique », *Art Press*, n° 306, novembre 2004.
・Anne Caldwell, "Bio-Sovereignty and the Emergence of Humanity", *Theory & Event*, vol. 7, no. 2, 2004.
・*SubStance*, vol. 33, no. 1, 2004. ランシエールの論文（前掲）の他，以下を収録：Éric Méchoulan, "Introduction". Solange D. Guénoun, "Jacques Rancière's Freudian Cause". Gabriel Rockhill, "The Silent Revolution". Jean-Louis Déotte, "Rancière's *Mésentente* and Lyotard's *Différend*". Tom Conley, "A Fable of Film : Rancière's Anthony Mann". Michèle Garneau, "Film's Aesthetic Turn: A Contribution from Jacques Rancière". David Bell, "Writing, Movement/Space, Democracy: On Rancière's Literary History".
・Brett Levinson, *Market and Thought: Meditations on the Political and the Biopolitical*, New York, Fordham University Press, 2004.
・*Labyrinthe : atelier interdisciplinaire*, n° 17, « Jacques Rancière, l'indiscipliné », hiver 2004. 以下を収録：Renaud Pasquier, « Note préliminaire ». David Schreiber, « L'avenir de l'égalité ». Renaud Pasquier, « Police, politique, monde », Laurent Dubreuil, « L'insurrection ». Déborah Cohen, « Du possible au virtuel : la scène politique ». Renaud Pasquier, « Politiques de la lecture ». Marc Aymes, « Historicités ». Marc Aymes, « L'archive dans ses œuvres (Rancière, Derrida) ». Renaud Pasquier, « Hantés ? ». Laurent Dubreuil, « Pensées fantômes ». Marie de Gandt, « Subjectivation politique et énonciation littéraire ». Déborah Cohen, « Rancière sociologue, autrement ». Bibliographie de Jacques Rancière.
・« Le Maître ignorant », *Le Télémaque*, n° 27, 2005.
・新谷淳一「芸術の身分規定の変化との関係における文学概念の歴史性 —— ジャック・ランシエールによる文学」博士論文（東京大学），

ガンのヨーロッパ・イデオロギー批判について」藤岡俊博訳,『現代思想』31巻15号, 2003年12月, 48–61頁). Jean-Philippe Deranty, "Rancière and Contemporary Political Ontology". Davide Panagia, "Symposium Thinking with and against the 'Ten Theses'". Michael Dillon, "(De)void of Politics?: A Response to Jacques Rancière's Ten Theses on Politics". ランシエールの"Comments and Responses"も収録（前掲).

・Jean-Philippe Deranty, « Mésentente et reconnaissance : Honneth face à Rancière », in *Où en est la théorie critique?*, sous la direction de E. Renault et Y. Sintomer, Paris, La Découverte, 2003.

・Jean-Philippe Deranty, "Jacques Rancière's Contribution to the Ethics of Recognition", *Political Theory*, vol. 31, no. 1, February 2003, p. 136-156.

・Andrew Gibson, "Rancière and the 'Limit' of Realism", *Realism and Its Discontents*, edited by Danuta Fjellestad and Elizabeth Kella. Karlskrona, Sweden, Blekinge Institute of Technology, 2003, p. 56-69.

・Kristin Ross, *May '68 and Its Afterlives*, Chicago, University of Chicago Press, 2003.

・松葉祥一「「分け前なき者の分け前」を求めて ―― J・ランシエール」, 三浦信孝編『来るべき〈民主主義〉―― 反グローバリズムの政治哲学』藤原書店, 2003年, 143–156頁.

・澤里岳史「もう一つの民主主義 ―― J・ランシエールの政治哲学」,『脱構築のポリティクス』仲正昌樹編, 御茶の水書房, 2003年, 123–140頁.

・鈴木康丈「平等の力 ―― ジャック・ランシエールの政治哲学」,『国際文化学』(神戸大学国際文化学会) 9号, 2003年, 71–83頁.

・Nicholas Spencer, "Jacques Rancière : *Short Voyages to the Land of the People* (Book Review)", *Utopian Studies*, vol. 15, no. 1, January 2004.

・Dana Seitler, "Queer Physiognomies, Or, How Many Ways Can We Do the History of Sexuality?", *Criticism*, vol. 46, no. 1, Winter 2004, p. 71-102.

・Danny Hoffman, "The Submerged Promise: Strategies for Ethnographic

・Andrew Gibson, "And the Wind Wheezing through That Organ Once in a While, Voice, Narrative, Film", *New Literary History*, vol. 32, no. 3, Summer 2001, p. 639-657.
・Gilles Labelle, "Two Refoundation Projects of Democracy in Comtemporary French Philosophy: Cornelius Castoriadis and Jacques Rancière", translated by Nancy Renaud, *Philosophy and Social Criticism*, vol. 27, no. 4, July 2001, p. 75-103.
・Davide Panagia, "Ceci n'est pas un argument: An Introduction to the Ten Theses", *Theory & Event*, vol. 5, no. 3, 2001.
・Christine Palmieri, « Jacques Rancière : le partage du sensible », *Etc. Montréal*, n° 59 septembre 2002, p. 34-40.
・Pierre Campion, « Littérature et politique », mis en ligne au 29 septembre 2002, http://pierre.campion2.free.fr/cranciere_fabula.htm
・Philip Watts, « Le cinéma entre mimésis et zone d'ombre », *Critique*, vol. 58, n° 665, octobre 2002, p. 830-7.
・Tony Wood, "The Ecstatic Spiral", *New Left Review*, no. 18, November-December 2002.
・Aaron Tornell, "Liberalization, Growth, and Financial Crises: Lessons from Mexico and the Developing World", *Brookings Papers on Economic Activity*, 2003, no. 2, p. 1-112.
・Timothy Jerome Kehoe, "Comments and Discussion", *Brookings Papers on Economic Activity*, 2003, no. 2, p. 89-107.
・*Theory & Event*, vol. 6, no. 4, 2003. 以下を収録：Paul Patton and William Chaloupka, "Introduction". Kirstie Morna McClure, "Disconnections, Connections, and Questions: Reflections on Jacques Rancière's 'Ten Theses on Politics'". Aamir Mufti, "Reading Jacques Rancière's 'Ten Theses on Politics', after September 11th". Étienne Balibar, "Which Power? Whose Weakness?: On Robert Kagan's Critique of European Ideology"（[邦訳] エティエンヌ・バリバール「誰の力、誰の弱さか？――ロバート・ケー

の他，以下を収録：Philippe Roger, « Présentation ». Yves Michaud, « Les pauvres et leur philosophe : la philosophie de Jacques Rancière ». Patrick Cingolani, « Modernité, démocratie, hérésie ». Arlette Farge, « L'histoire comme avènement ». Pierre Campion, « Mallarmé à la lumière de la raison poétique ».

- Slavoj Žižek, "For a Leftist Appropriation of the European Legacy", *Journal of Political Ideologies*, Abingdon, February 1998.
- Alain Badiou, « Rancière et la communauté des égaux » et « Rancière et l'apolitique », in *Abrégé de métapolitique*, Paris, Seuil, 1998, p. 121-138.
- Patrick Greaney, "*Mallarmé : la politique de la Sirène*", *MLN,* vol. 113, no. 5, December 1998 (Comparative Literature Issue), p. 1190-1192.
- Jean-Paul Engelibert, « Sur Jacques Rancière », *Literary Research/Recherche littéraire*, n° 30, automne-hiver 1998, p. 23-32.
- Slavoj Žižek, "Political Subjectivization and its Vicissitudes", in *The Ticklish Subject*, London, Verso, 1999, p. 171-244.［邦訳］スラヴォイ・ジジェク『厄介なる主体 ── 政治的存在論の空虚な中心』鈴木俊弘・増田久美子訳，青土社，2005年，第1巻第4章「ポリティクスの主体的な前景化，それが迎える結末」.
- 田崎英明「計算違い，あるいは平等について ── ランシエール，ベルサーニ，幾何学的同一性」，『現代思想』27巻5号，1999年5月，254–261頁.
- Michael J. Shapiro, "Blues & Politics", *Theory & Event*, vol. 4, no. 4, 2000.
- Pierre Campion, « La poétique de l'histoire selon Jacques Rancière », in *Récits de la pensée : Études sur le roman* et *l'essai*, sous la direction de Gilles Philippe, Paris, SEDES, 2000.
- Jeremy Valentine, "The Hegemony of Hegemony", *History of the Human Sciences*, vol. 14, no. 1, February 2001, p. 88-104.
- Elle During, "What Pure Aesthetics Can't Do", *Art Press*, no. 267, April 2001, p. 56-58.

recueillis par Éric Aeschimann, *Libération*, 24 mai 2008.

- "Art is Going Elsewhere. And Politics Has to Catch It. An interview with Jacques Rancière", by Sudeep Dasgupta, *Krisis: Journal for contemporary philosophy*, Issue 1, 2008, p. 70-76. http://www.krisis.eu/

4　ランシエール論／ランシエール研究

- Ted Benton, "Discussion: Rancière on Ideology", *Radical Philosophy*, no. 9, Winter 1974, p. 27-28.
- Ian Craib, "Rancière and Althusser", *Radical Philosophy*, no. 10, Spring 1975, p. 28-29.
- Jeffrey Mehlman, "Teaching Reading: the Case of Marx in France", *Diacritics*, vol. 6, no. 4, Winter 1976, p. 10-18.
- Paul Hirst, "Rancière, Ideology, and Capital", *On Law and Ideology*, London and Basingstoke, The Macmillan Press, 1979, p. 75-95.
- 柳内隆「フランスにおける現代国家論の一潮流 ―― L・アルチュセール，J・ランシエール，E・バリバールを中心に」，『法と政治』（関西学院大学法政学会）32巻1号，1981年，293–340頁.
- 柳内隆「物神性《フェティシズム》と国家 ―― フランス「構造主義」を中心に」，『法と政治』（関西学院大学法政学会）33巻4号，1982年，703–750頁.
- 田崎英明『夢の労働　労働の夢 ―― フランス初期社会主義の経験』青弓社，1990年.
- 小畑二郎「ヨーロッパ・マルクス主義とシステム変革 ―― J・ランシェールの批判概念論から出発して」，『社会・経済システム』（社会・経済システム学会）9号，1990年，78–83頁.
- Kristin Ross, "Rancière and the Practice of Equality," *Social Text*, no. 29, 1991, p. 57-71.
- "Books Received", *New Literary History*, vol. 26, no. 2, Spring 1995, p. 461-464.
- *Critique*, vol. 53, n° 601-602, juin-juillet 1997. ランシエールの論文（前掲）

- « Perdre aussi nous appartient », entretien avec Martin Jalbert, *Contrejour*, n° 8, Montréal, hiver 2005-2006.
- « Le scandale démocratique : une charge en deux temps de Jacques Rancière contre le consensus ambiant », par Jean-Baptiste Marongiu, *Libération*, 15 décembre 2005. ［邦訳］「デモクラシーというスキャンダル」松葉祥一訳，『現代思想』36巻1号，2008年1月，160–163頁．
- « CPE. Jacques Rancière dénonce une Ve République en déscomposition : un système qui gouverne sans le peuple », avec Éric Aeschimann, *Libération*, 1er avril 2006.
- « L'irreprésentable en question », entretien avec J. L. Déotte et P. Bayard, *Europe*, n° 926-927, juin-juillet 2006.
- "Our Police Order : What Can Be Said, Seen, and Done", interviewed by Truls Lie, *Le Monde diplomatique* (Oslo), August, 2006.
- Dominique Gonzalez-Foerster, « L'espace des possibles : Jacques Rancière », *Art Press*, n° 327, octobre 2006.
- "Art of the Possible", conversation with Fulvia Carnevale and John Kelsey, *Art Forum*, March 2007.
- « Jacques Rancière : la littérature engage le "partage du sensible" », propos recueillis par Jean Birnbaum, *Le Monde des livres*, 16 mars 2007.
- Christian Höller, "Entsorgung der Demokratie: Interview mit Jacques Rancière", *Springerin*, März 2007.
- « La littérature a une forme de politique bien à elle », entretien réalisé par Alain Nicolas, *L'Humanité*, 5 avril 2007.
- « On est revenu à une campagne traditionnelle », par Éric Aeschimann, *Libération*, 21 avril 2007.
- Entretien avec Nicolas Truong, *Philosophie Magazine*, n° 10, juin 2007.
- « La démocratie est née d'une limitation du pouvoir de la propriété », propos recueillis par Irene, *Alternative Libertaire*, n° 167, novembre 2007.
- « Le plaisir de la métamorphose politique », avec Judith Revel, propos

Lalanne, *Cahiers du cinéma*, n° 567, avril. 2002, p. 57-63.

- « Peuple ou multitudes? », *Multitudes*, n° 9, juin 2002. ［邦訳］「人民かマルチチュードか？── エリック・アリエズからジャック・ランシエールへの問い」鈴木康丈訳，『現代思想』31 巻 2 号，2003 年 2 月，181–186 頁.
- « Entretien avec Jacques Rancière », accordé au site *Arje*, réalisé par Andréa Benvenuto, Laurence Cornu et Patrice Vermeren à Paris le vendredi 24 janvier 2003. http://arje.atspace.com/filoedu7.htm
- "Politics and Aesthetics", with Peter Hallward, translated by Forbes Morlock, *Angelaki*, vol. 8, no. 2, August 2003, p. 191- 211.
- « La communauté comme dissentiment », entretien avec François Noudelmann, *Rue Descartes*, n° 42, « Politiques de la communauté », novembre 2003, p. 86-99.
- « Entretien avec Jacques Rancière », *Dissonance*, n° 1, 2004.
- « La démocratie, un scandale nécessaire », entretien avec Léa Gauthier et J. M. Adolphe, *Mouvement*, n° 28, mai-juin 2004.
- "The Janus-Face of Politicized Art: Jacques Rancière", interview with Gabriel Rockhill, in Rancière, *The Politics of Aesthetics*, London and New York, Continuum, 2004, p. 47-66. ［仏語版］« Jacques Rancière : Le coup double de l'art politisé », *Lignes*, n° 18, octobre 2005.
- « Entretien avec Jacques Rancière à propos du *Maître ignorant* », recueilli par Anne Lamalle et Guy Dreux, *Nouveaux Regards*, n° 28, janvier-mars 2005, p. 59-61.
- « Entretien avec J. Rancière », *Cahiers du cinéma*, février 2005.
- « La critique doit "donner un monde à l'œuvre" », propos recueillis par Bertrand Leclair, *La Quinzaine littéraire*, n° 905, 1er août 2005, p. 32-33.
- "Democracy, Dissensus and the Aesthetics of Class Struggle, An Exchange with Jacques Rancière", Blechman, Max, Anita Chari, Rafeeq Hasan, *Historical Materialism*, vol. 13, no. 4, 2005, p. 285-301.

the Splendor of the Insignificant", interview with Solange Guénoun, translated by Alyson Waters, *Sites: The Journal of 20th-Century Contemporary French Studies,* no. 4, 2000, p. 249-258.

・« Biopolitique ou politique ? », entretien avec Éric Alliez, *Multitudes*, n° 1, mars 2000.

・"Dissenting Words: a Conversation with Jacques Rancière", interview with Davide Panagia, translated by Davide Panagia, *Diacritics*, vol. 30, no. 2, Summer 2000, p. 113-126.

・« Entretien avec Jacques Rancière », in *La xénophobie en banlieue : effets et expressions*, sous la direction de Florence Haegel, Henri Rey et Yves Sintomer, Paris Montréal, L'Harmattan, collection « Logiques politiques », 2000, p. 215-227.

・"Jacques Rancière: History and the Art System", interview with Yan Ciret, *Art Press*, n° 258, June 2000, p. 18-23.［仏語版］« Le tombeau de la fin de l'histoire », *Art Press*, n° 258, juin 2000, p. 18-23. 以下に収録： Yann Ciret, *Chroniques de la scène monde*, Grenouilleux, La passe du vert, 2000.

・« Entretien avec Jacques Rancière », avec Sophie Charlin, Stéphane Delorme et Matthias Lavin, *Balthazar*, n° 4, été 2001, p. 78-85.

・« Jean-Luc Godard : une longue histoire », avec Charles Tesson, *Cahiers du cinéma* , n° 557, mai 2001, p. 28-36.

・« Les réponses de Jacques Rancière », *La table ronde pédagogique : L'exclusion existe-t-elle ?*, 2001. http://www.cndp.fr/tr_exclusion/

・« Entretien avec Jacques Rancière », mené par Nicolas Poirier, *Philosophoire*, n° 13, « La violence », hiver 2001, p. 7-20.

・« Deleuze accomplit le destin de l'esthétique », entretien avec David Rabouin, *Magazine littéraire*, n° 406, février 2002, p. 38-40.［邦訳］「ドゥルーズは美学の運命を成就した」松葉祥一訳，『批評空間』3期4号，2002年5月，107–110頁.

・« Le cinéma, art contrarié », entretien avec Stéphane Bouquet et Jean-Marc

- "Post-Democracy, Politics and Philosophy: an Interview with Jacques Rancière", translated by Kate Nash, *Angelaki*, vol. 1, no. 3, 1994, p. 171-178.
- « Les mots de l'histoire du cinéma », entretien avec Antoine de Baecque, *Cahiers du cinéma*, n° 496, 1995, p. 48-54.
- « Philosophie et politique », recueilli par Jean-Paul Dollé, *Magazine littéraire*, n° 331, avril 1995, p. 146-150.
- « La question sociale : visions de sociologues, visions d'historiens », table ronde présidée par Colette Chambelland, avec Robert Castel, François Dosse, Bernard Lepetit, *Vie sociale*, n° 6, novembre-décembre 1996, p. 5-32.
- "Democracy Means Equality: Jacques Rancière Interviewed by Passages", translated by David Macey, *Radical Philosophy*, no. 82, March-April 1997, p. 29-36.
- 「「可能」なる歴史を断ちきって」（コリン・小林によるインタビュー），『現代思想』25巻10号，1997年9月，104–113頁.
- « Casser l'opposition des mots et des choses », entretien avec Robert Maggiori, *Libération*, n° 5233, 5 mars 1998, p. 3.
- « Le maître ignorant », entretien avec Matthieu Potte-Bonneville et Isabelle Saint-Saëns, *Vacarme*, n° 9, 1999, p. 4-8.
- « Les hommes comme animaux littéraires », entretien avec Christian Delacroix et Nelly Wolf-Cohn, *Mouvements*, n° 3, mars-avril 1999, p. 133-145.
- « Jacques Rancière : la politique n'est-elle que de la police ? », Entretien réalisé par Jean-Paul Monferran, *L'Humanité*, 1er juin 1999.
- « Le partage du sensible : Entretien avec Jacques Rancière », *Alice*, n° 2, été 1999.
- « Jacques Rancière : Literature, Politics, Aesthetics: Approaches to Democratic Disagreement », interviewed by Solange Guénoun and John H. Kavanagh, translated by Roxanne Lapidus, *SubStance*, vol. 29, no. 2, 2000, p. 3-24.
- "Interview with Jacques Rancière : Cinematographic Image, Democracy, and

Paris, L'Harmattan, collection « La philosophie en commun », 2007.

- "Poetics of Documentary (Dokumentarens poetik)", *Lettre Internationale* (Denmark), no. 17, 2007.

3 対談・インタビュー

- « Mort du père », entretien avec M. Foucault et al., *Libération*, 30 avril 1975, p. 10-11. 以下に収録：*Dits et Écrits II* de Michel Foucault, Paris, Gallimard, collection « Bibliothèques des sciences humaines », 1994. ［邦訳］「父の死」中澤信一訳，『ミシェル・フーコー思考集成』V，筑摩書房，2004年，348–354頁.
- « L'image fraternelle », entretien avec Serge Daney et Serge Toubiana, *Cahiers du cinéma*, n° 268-269, juillet-août 1976, p. 7-19.
- « Pouvoirs et stratégies », entretien avec Michel Foucault, *Les Révoltes logiques*, n° 4, hiver 1977, p. 89-97. 以下に収録：*Dits et écrits III* de Michel Foucault, Paris, Gallimard, collection « Bibliothèques des sciences humaines », 1994, p. 418-428. ［邦訳］「権力と戦略」久保田淳訳，『ミシェル・フーコー思考集成』VI，筑摩書房，2000年，583–597頁.
- « Table ronde : L'homme de marbre et de celluloïd », avec Pascal Bonizer, François Géré, Robert Linhart et Jean Narboni, *Cahiers du cinéma*, n° 298, mars 1979, p. 17-30.
- « La visite au peuple », entretien avec Serge Le Péron et Charles Tesson, *Cahiers du cinéma*, n° 371-372, mai 1985, p. 106-111.
- "The Identity in Question", interview by Andreas Huyssen et Homi K. Bhabha, *October,* no. 61, Summer 1992, p. 78-82.
- « L'histoire aujourd'hui : des certitudes aux défis », entretien avec Roger Chartier, *Raison présente*, n° 108, « Les sciences humaines en débat (I) », 1993, p. 45-75.
- « Histoire des mots, mots de l'histoire », entretien avec Martyne Pierrot et Martin de la Soudière, *Communications*, n° 58, 1994, p. 87-101.

Dora, bei Esther Shalev-Gerz, Weimar, 2006.［仏語版］« Le travail de l'image », *Multitudes*, n° 28, printemps 2007.

- « La méthode de l'égalité », in *La philosophie déplacée. Autour de Jacques Rancière*, éd. par Laurence Cornu et Patrice Vermeren, Bourg-en-Bresse, Horlieu, 2006.
- « L'usage des distinctions », *Failles*, n° 2, printemps 2006
- "Thinking Between Disciplines: An Aesthetics of Knowledge", translated by Jon Roffe, *Parrhesia*, no. 1, 2006, p. 1-12.
- « Crises et remèdes », *Le Monde de l'éducation*, n° 349, juillet-août 2006, p. 12-15.
- "Does 'Democracy' mean Something?", in *Adieu, Derrida*, edited by Costas Douzinas, Basingstoke, Palgrave Macmillan, 2007.（2005年5月ロンドン大学での連続講演記録）［邦訳］「民主主義は何かを意味するのか」澤里岳史訳，『来たるべきデリダ —— 連続講演「追悼デリダ」の記録』藤本一勇監訳，明石書店，2007年，131–161頁.
- « Élection et raison démocratique », *Le Monde*, 22 mars 2007.
- "The Emancipated Spectator", *Art Forum*, March 2007.
- « Les déplacements de la littérature », in *France–Amérique latine : Croisements de lettres et de voies*, sous la direction de Walter Bruno Berg et Lisa Block de Behar, Paris, L'Harmattan, 2007.
- « Le théâtre des images », in *Alfredo Jaar : La politique des images*, Lausanne, Musée cantonal des Beaux-Arts, 2007.
- « Les confidences du monument. Deleuze et la résistance de l'art », in *Deleuze et les écrivains : littérature et philosophie*, éd. par Bruno Gelas et Hervé Micolet, Nantes, Éditions Cécile Defaut, 2007.
- « La lettre de Ventura », *Trafic*, n° 61, printemps 2007.［邦訳］「ヴェンチューラの手紙」土田環訳，ペドロ・コスタ『コロッサル・ユース』劇場用パンフレット，シネマトリックス，2008年，70–79頁.
- « Préface » in *Deleuze et une philosophie de l'immanence* de Takashi Shirani,

Parreno, Molly Nesbit, König, Walther, 2004.

・« Vif, sans expression » (sur *Saraband*) , *Cahiers du cinéma*, n° 596, décembre 2004, p. 26-28.

・"Introducing Disagreement 1", *Angelaki,* vol. 9, no. 3, December 2004.

・"From Politics to Aesthetics", in *Jacques Rancière: Aesthetics, Politics, Philosophy*, edited by Mark Robson, Edinburgh, Edinburgh University Press, Special Issue of the Journal *Paragraph*, vol. 28, no. 1, 2005.

・« Ars gratia artis. Notes sur la poétique de Minnelli », *Trafic*, n° 53, mars 2005.

・« Le spectacle interrompu », *Beaux Arts Magazine*, hors-série, n° 1 « Chaplin », mai 2005.

・« Les pieds du héros », *Trafic,* n° 56 (Politiques de John Ford), 2005.

・« Un cinéma des minorités ? », *Cahiers du cinéma*, n° 605, octobre 2005, p. 73.

・« "Quand nous étions sur le Shenandoah" » (sur le cinéma de Guy Debord), *Cahiers du cinéma*, n° 605, octobre 2005, p. 92-93.

・"Von der Aktualität des Kommunismus zu seiner Inaktualität", in *Indeterminatel Kommunismus. Texte zu Ökonomie, Politik und Kultur,* Hg. von D. Loick, Frankfurt/Main, 2005.

・"Was bringt die Klassik auf die Bühne", in *Spieltrieb. Was bringt die Klassik auf die Bühne? Schillers Ästhetik heute*, hg. von F. Ensslin, Theater der Zeit, 2006.

・« De la peur à la terreur », in *Les aventures de la raison politique*, éd. par A. Novaes, Paris, Métailié, 2006.

・« Autonomie et historicisme : la fausse alternative », in *Penser l'œuvre musicale au XXe siècle : avec, sans ou contre l'Histoire?*, éd. par M. Kaltenecker et F. Nicolas, Paris, Centre de documentation de la musique contemporaine, 2006.

・"Die Arbeit des Bildes/The Work of the Image", in *MenschenDinge, The Human Aspect of Objects*, Stiftung Gedenkstätten Buchenwald und Mittelbau-

2003.

- « Schiller et la promesse esthétique », *Europe* n° 900, avril 2004, p. 6-21.
- « La philosophie en déplacement », in *La vocation philosophique*, présenté par Marianne Alphant, Paris, Centre Pompidou-Bayard, 2004, p. 13-36.
- "The Politics of Literature", *SubStance*, vol. 33, no. 1, 2004, p. 10-24. →改稿のうえ，*Politique de la littérature* に収録．［邦訳］「文学の政治」松葉祥一・大森秀臣訳，『月刊百科』498 号，2004 年 4 月，2–15 頁．499 号，2004 年 5 月，48–54 頁（2004 年 1 月来日時，日仏会館でのフランス語発表原稿の邦訳）．
- « Democratie, dissensus, communication ». ［邦訳］「デモクラシー，ディセンサス，コミュニケーション」松葉祥一・山尾智美訳，『現代思想』32 巻 4 号，2004 年 4 月，28–41 頁（2004 年 1 月来日時，大阪大学でのフランス語発表原稿の邦訳），本書再録．
- "Godard, Hitchcock and the Cinematographic Image", in *For Ever Godard*, edited by Michael Temple, James Williams, and Michael Witt, London, Black Dog Publishing and Phaidon Press, 2004.
- "Who is the subject of the rights of man?", *South Atlantic Quarterly*, vol. 103, no. 2-3, Spring-Summer 2004, p. 297-310. 以下にも収録：*And Justice for All? : The Claims of Human Rights*, edited by Ian Balfour and Eduardo Cadava, North Carolina, Duke University Press, 2004.
- « Les écarts du cinéma », *Trafic*, n° 50, juin 2004.
- « Béla Tarr : le travail du temps », *Cahiers du cinéma*, n° 591, juin 2004, p. 80-81.
- « Les philosophes sans porte-voix : Foucault », *Libération*, 25 juin 2004.
- "From Lyotard to Schiller : Two Readings of Kant and their Political Significance", *Radical Philosophy*, no. 126, July-August 2004.
- « La politique du crabe », in *Anri Sala : entre chien et loup. When the Night Calls it a Day*, avec Anri Sala, Laurence Bossé, Julia Garimorth, Hans Ulrich Obrist, Patricia Falguières, Israel Rosenfield, Alexandre Constanzo, Philippe

collection « La philosophie en commun », 2002, p. 281-284.

- « Préface » in *L'éternité par les astres* de Louis Auguste Blanqui, Paris, les Impressions nouvelles, collection « La bibliothèque d'un amateur », 2002, p. 7-26.
- "Metamorphosis of the Muses", in *Sonic Process, Une nouvelle géographie des sons*, Paris, Centre Pompidou, 2002
- « Les chambres du cinéaste », *Vacarme*, n° 23, printemps 2003.〔邦訳〕「映画作家の部屋」土田環訳,「ペドロ・コスタ監督特集2004」パンフレット，アテネ・フランセ文化センター，2004年.
- « Deux films de Danièle Huillet et Jean-Marie Straub », *Le Monde diplomatique*, avril 2003, p. 28.
- « La scène révolutionnaire et l'ouvrier émancipé (1830-1848) », *Tumultes*, n° 20, « Révolution, entre tradition et horizon », mai 2003, p. 49-72.
- « La parole sensible. À propos d'*Ouvriers, paysans* », *Cinéma 05*, mai 2003, p. 68-78.
- "The Thinking of Dissensus: Politics and Aesthetics", in *Fidelity to the Disagreement: Jacques Rancière and the Political* (colloque organized by the Post-Structuralism and Radical Politics specialist group, London, Goldsmiths College, 16-17 September, 2003).
- « De la guerre comme forme suprême du consensus ploutocratique avancé », *Lignes*, n° 12, nouvelle série, « Le nouveau désordre international », octobre 2003, p. 32-39.
- « Le malentendu littéraire », in *Le malentendu, généalogie du geste herméneutique*, sous la direction de Bruno Clément et Marc Escola, Saint-Denis, Presses universitaires de Vincennes, collection « La philosophie hors de soi », 2003, p. 121-132 ; *Failles*, n° 1, « Logiques politiques », 2003, p. 88-98. → *Politique de la littérature* に収録.
- "Comments and Responses", *Theory & Event*, vol. 6, no. 4, 2003.
- « Après la littérature », in *Le septième art*, éd. par J. Aumont, Léo Scheer.

philosophie en commun », 2002, p. 477-496. →改稿のうえ，*Malaise dans l'esthétique* に収録（« L'inesthétique d'Alain Badiou »と改題）.［英訳］"Aesthetics, Inaesthetics, Anti-aesthetics", translated by Ray Brassier, *Think Again: Alain Badiou and the Future of Philosophy*, edited by Peter Hallward, London, Continuum, 2004, p. 218-31.
・"The Aesthetic Revolution and its Outcomes", *New Left Review*, no. 14, March-April 2002, p. 133-151.
・"Prisoners of the Infinite (Guantanamo, Justice and Bushspeak)", translated by Norman Madarasz, *CounterPunch*, April 30, 2002. http://www.counterpunch.org/
・« Éclipse de la politique », *L'Humanité*, 29 mai 2002.
・« Le 11 septembre et après : une rupture de l'ordre symbolique? », *Lignes*, n° 8, nouvelle série, «Vainqueurs/vaincus : un monde en guerre », mai 2002, p. 35-46.
・« Sur *Le maître ignorant* », mai 2002. http://multitudes.samizdat.net/spip.php?article1714, http://multitudes.samizdat.net/spip.php?article1736.
・« Arithmétiques du peuple (Rohmer, Godard, Straub) », *Trafic*, n° 42, été 2002, p. 65-69.
・« Le ressentiment anti-esthétique », *Magazine littéraire*, n° 414, novembre 2002, p. 18-21.
・« La pensée de la politique aujourd'hui », in *La modernité après le post-moderne*, sous la direction d'Henri Meschonnic et Shiguehiko Hasumi, Paris, Maisonneuve et Larose, 2002, p. 41-49.（1996年11月東京大学駒場でのシンポジウム記録）
・« La communauté esthétique», in *Politique de la parole : singularité et communauté*, sous la direction de Pierre Ouellet, Montréal, Éditions Trait d'union, 2002, p. 145-166.
・« Postface » in *Le peuple-artiste, cet être monstrueux : la communauté des pairs face à la communauté des génies* de Maria Ivens, Paris, L'Harmattan,

Maison européenne de la photographie, 2000.

- "What Aesthetics Can Mean", *From an Aesthetic Point of View: Philosophy, Art and the Senses*, edited by Peter Osborne, London, The Serpent's Tait, 2000, p. 13-33.
- « Le cinéma dans la "fin" de l'art », *Cahiers du cinéma*, n° 552, décembre 2000, p. 50-51.
- « Y-a-t-il un enseignement élémentaire en philosophie? », in *Enseigner la philosophie aujourd'hui : pratiques et devenirs*, éd. par N. Grataloup et J. J. Guinchard, CNDP du Languedoc-Roussillon, 2001.
- « La porte du paradis », *Cahiers du cinéma*, n° 554, février 2001, p. 52-53.
- « Naruse, le plan partagé », *Cahiers du cinéma*, n° 556, avril 2001, p. 70-72.
- « Celui qui vient après : les antinomies de la critique », *Trafic*, n° 37, « Serge Daney, après, avec », printemps 2001, p. 142-150.
- « La politique des auteurs, ce qu'il en reste », *Cahiers du cinéma*, n° 559, juillet-août 2001, p. 36-38.
- « Y a-t-il un concept du romantisme? », in *Modernité et romantisme*, textes réunis par Isabelle Bour, Éric Dayre et Patrick Née, Paris, Honoré Champion, 2001, p. 287-300.
- « L'œil esthétique », *Art Press*, n° 273, novembre 2001, p. 19-22.
- « Sens et usages de l'utopie », in *L'utopie en questions*, sous la direction de Michèle Riot-Sarcey, Saint-Denis, Presses universitaires de Vincennes, collection « La philosophie hors de soi », 2001, p. 65-78.
- « S'il y a de l'irreprésentable », *Le Genre humain*, n° 36, décembre 2001, p. 81-102. → *Le destin des images* に収録.
- « Les énoncés de la rupture », in *Ruptures : de la discontinuité de la vie artistique*, sous la direction de Jean Galard, Paris, Louvre, École nationale supérieure des beaux-arts, collection « D'art en questions », 2002, p. 340-353.
- « Esthétique, Inesthétique, Anti-esthétique », in *Penser le multiple : Alain Badiou*, édité par Charles Ramond, Paris, L'Harmattan, collection « La

Paris, L'Harmattan, 1998.
- « Le cinéma comme la peinture ? », *Cahiers du cinéma*, n° 531, janvier 1999, p. 30-32.
- « À votre guise. Jacques Rancière », *La Quinzaine littéraire*, n° 755, février 1999, p. 2.
- « La fiction documentaire : Marker et la fiction de mémoire », *Trafic*, n° 29, printemps 1999. → *La fable cinématographique* に収録.
- « La rime et le conflit », in *Mallarmé ou l'obscurité lumineuse*, sous la direction de Bertrand Marchai et Jean-Luc Steinmetz, Paris, Hermann, collection « Savoirs : lettres », 1999, p. 115-141.（« L'intrus », *op.cit.*の別稿）→ *Politique de la littérature* に収録.
- « La sainte et l'héritière : à propos des *Histoire(s) du cinéma* », *Cahiers du cinéma*, n° 537, juillet-août 1999, p. 58-61.［英訳］"The Saint and the Heiress", *Discourse*, vol. 24, no. 1, Winter 2002, p. 113-119.［邦訳］「聖女と女相続人 ──『（複数の）映画史』について」廣瀬純訳,『カイエ・デュ・シネマ・ジャポン』29号，2000年，34–44頁．→増補改稿のうえ，*La fable cinématographique* に収録.［邦訳］「教訓なき寓話」前掲.
- « Le bruit du peuple, l'image de l'art : à propos de *Rosetta* et de *L'Humanité* », *Cahiers du cinéma,* n° 540, novembre 1999, p. 110-112.
- « L'historienne en proie au silence », *Critique*, n° 632-633, janvier-février 2000, p. 2-13.
- « Et le cinéma continue », *Cahiers du cinéma,* n° 542, janvier 2000, p. 36-38.
- « La voix de Séraphita », *Cahiers du cinéma*, n° 543, février 2000, supplément « Hommage Robert Bresson », p. 27-29.
- « Il est arrivé quelque chose au réel », *Cahiers du cinéma*, n° 545, avril 2000, p. 62-64.
- « Histoires de visages », *Cahiers du cinéma*, n° 550, octobre 2000, p. 52-53.
- « L'art de la distance », introduction à *Détours* de Raymond Depardon, Paris,

- « Le mouvement suspendu », *Cahiers du cinéma,* n° 523, avril 1998, p. 34-36. ［邦訳］「宙づりにされた運動」廣瀬純訳，『カイエ・デュ・シネマ・ジャポン』25号，1998年秋，80–89頁．
- « Eisenstein, un centenaire encombrant », *Cahiers du cinéma*, n° 525, juin 1998, p. 56-58. → *La fable cinématographique* に収録（« La folie Eisenstein »と改題）
- « Le cinéma de Marie », *Cahiers du cinéma,* n° 527, septembre 1998, p. 42-44. ［邦訳］「マリーの映画」川口俊訳，『カイエ・デュ・シネマ・ジャポン』26号，1999年，77–83頁．
- « De la difficulté d'être un personnage de cinéma », *Cahiers du cinéma*, n° 529, novembre 1998, p. 42-45. ［邦訳］「映画の登場人物であることのむつかしさについて」渡辺響子訳，『カイエ・デュ・シネマ・ジャポン』27号，1999年，108–115頁．
- « L'historicité du cinéma », in *De l'histoire au cinéma*, sous la direction de Antoine De Baecque et Christian Delage, Bruxelles, Complexe, collection « Histoire du temps présent », 1998, p. 45-60.
- « La forme et son esprit », in *Forme enjeu* (collectif), Saint-Denis, Presses universitaires de Vincennes, collection « Esthétiques hors cadre », 1998, p. 131-149.
- « Existe-t-il une esthétique deleuzienne ? », in *Gilles Deleuze, une vie philosophique*, sous la direction d'Éric Alliez, Le Plessis-Robinson, Synthélabo, 1998, p. 525-536. ［英訳］"Is there a Deleuzian aesthetics?", translated by Radmila Djordjevic, *Qui Parle ?*, vol. 14, no. 2, 2004.
- « La mésentente », in *La modernité en questions : de Richard Rorty à Jürgen Habermas*, sous la direction de Françoise Gaillard, Jacques Poulain et Richard Shusterman, actes de la décade de Cerisy, 2-11 juillet 1993, Paris, Le Cerf, 1998, p. 169-185.
- « Du lieu du texte au séjour des morts. L'autodidacte et le savant », in *La découverte et ses récits en sciences humaines*, éd. par J. Carroy et N. Richard,

- “The Trouble with Ana”, in *Von Nutzen und Nachteil historischer Vergleiche*, hg. von F. Balke u. Benno Wagner, Frankfurt/Main, Campus Verlag, 1997.
- « La constance de l’art », *Trafic,* n° 21, printemps 1997, p. 40-43.
- « La cause de l’autre », *Lignes*, n° 30, février, 1997（1995年5月作家協会によるシンポジウム「フランス－アルジェリア：交叉する視線」での発表）．→*Aux bords du politique* 第2版に収録．［英訳］“The Cause of the Other”, translated by David Macey, *Parallax* vol. 4, no. 2, April 1998, p. 25-33.
- « Les thèses sur la politique », *Filozofski Vesthik/Acta Philosophica* (revue de l’Institut de philosophie de Ljubljana), n° XVII, février 1997. →*Aux bords du politique* 第2版に収録（« Dix thèses sur la politique »と改題．テーゼは当初11まであったが，テーゼ5と6をまとめて10個に縮められた）．［英訳］“Ten Theses on Politics”, translated by Davide Panagia, *Theory and Event,* vol. 5, no. 3, 2001.［邦訳］「政治についての10のテーゼ」杉本隆久・松本潤一郎訳，『VOL』1号，2006年5月，24–33頁．
- « Sept règles pour aider à la diffusion des idées racistes en France », *Le Monde*, 21 mars 1997.
- « La philosophie clandestine », *Le Monde*, 22 mai 1997.
- « La parole muette : notes sur “la littérature” », *Critique*, vol. 53, n° 601-602, juin-juillet 1997, p. 461-500.
- « Ce qu’intellectuel peut vouloir dire », *Lignes*, n° 32, octobre 1997, p. 116-120.
- « L’intrus : poétique et politique de Mallarmé », *Europe*, n° 825-826, janvier-février 1998, p. 49-63. →*Politique de la littérature* に収録．［邦訳］「闖入者 ―― 詩学と政治学」工藤晋訳，『現代詩手帖』42巻5号，1999年5月，80–93頁．
- « La fiction difficile », *Cahiers du cinéma*, n° 521, février 1998, p. 41-43.［邦訳］「困難にあるフィクション」坂本安美訳，『カイエ・デュ・シネマ・ジャポン』24号，1998年夏，120–128頁．

- « La feinte douleur », *La Quinzaine littéraire*, n° 675, 1er août 1995, p. 14-15.
- « Face au cinéma et à l'histoire... » (sur les *Histoire(s) du cinéma* de Jean-Luc Godard), *Le monde des livres*, 6 octobre 1995, p. XI.（1995年8月ロカルノ映画祭での発言採録）
- « Le cinéma, c'est un monde », *Le Monde*, 22 decembre 1995.
- « Les raisins sont trop verts », *Futur Antérieur*, n° 33-34, janvier 1996.
- « Le concept d'anachronisme et la vérité de l'historien », *L'Inactuel*, n° 6, 1996, p. 53-68.
- « Le rouge de *La Chinoise* », *Trafic*, n° 18, printemps 1996, p. 47-54. → *La fable cinématographique* に収録．［邦訳］「『中国女』の赤」前掲．
- « La déviation démocratique », in *Les transitions démocratiques*, sous la direction de Laënnec Heurbon, Paris, Syros, 1996, p. 378-384.（ハイチ・ポルトープランスでのシンポジウム記録）
- « Politiques de l'écriture », *Cahiers de recherche sociologique*, n° 26, Montréal, 1996, p. 19-37.
- « L'île du livre : espaces politiques, espaces fictionnels », *Villa Gillet*, n° 5, novembre 1996, p. 65-84. → *La chair des mots* に収録（« Balzac et l'île du livre »と改題）．
- « La chair des mots », *Po&Sie,* n° 77, 1996, p. 80-92. → *La chair des mots* に収録．
- "The Archaeomodern Turn", in *Walter Benjamin and the Demands of History*, edited by Michael P. Steinberg, Ithaca and London, Cornell University Press, 1996, p. 24-40.
- « Sens et figures de l'histoire », in *Face à l'Histoire*, Paris, Flammarion, 1996, p. 20-27.（ポンピドゥ・センターでの展覧会図録）
- « Le tort », in *Qu'est-ce-que la justice?*, édité par J. Poulain, Saint-Denis, Presses universitaires de Vincennes, 1996.
- "Proust und die zweifache Wahrheit", in *Marcel Proust und die Philosophie*, hg. von U. Link-Heer u. R. Volkoff, Frankfurt/Main, Insel Verlag, 1997.

Rancière, Paris, Payot, collection « Critique de la politique », 1993, p. 9-18.

- « Sur l'Histoire des femmes au XIXe siècle », in *Femmes et histoire*, Paris, Plon, 1993.［邦訳］「『女の歴史』について」小倉和子訳，ジョルジュ・デュビィ，ミシェル・ペロー編『「女の歴史」を批判する』，藤原書店，1995年，57–74頁.（1992年11月ソルボンヌでのシンポジウム記録）
- « Althusser, Don Quichotte et la scène du texte », in *Politique et philosophie dans l'œuvre de Louis Althusser*, PUF, 1993. →*La chair des mots*に収録.［邦訳］「テクストの舞台」篠原洋治訳,『現代思想』26巻15号，1998年12月，132–148頁.
- « Du côté de Saint-André-des-Champs : la guerre, la vérité, le livre », *L'Inactuel,* n° 1, 1994, p. 12-23. →*La chair des mots*に収録（« Proust : la guerre, la vérité, le livre »と改題）.
- « Les énoncés de la fin et du rien », in *Traversées du nihilisme*, sous la direction de Georges Leyenberger et Jean-Jacques Forté, Paris, Osiris, 1994, p. 67-91. →改稿：« Le concept d'anachronisme et la vérité de l'historien », 1996（後出）.［邦訳］「歴史修正主義と現代のニヒリズム」安川慶治訳,『現代思想』23巻4号，1995年4月，14–37頁.
- « La poétique du savoir », *La main de singe*, n° 11 & 12, 1994.
- "Discovering New Worlds: Politics of Travel and Metaphors of Space" in *Travellers' Tales: Narratives of Home and Displacement*, edited by George Robertson et al., New York and London, Routledge, 1994. p. 29-37.
- « L'enfant metteur en scène », *Trafic*, n° 16, automne 1995, p. 45-50. →*La fable cinématographique*に収録.
- « L'inadmissible », *Le Genre humain*, n° 29, « Les bons sentiments », printemps-été 1995. →改題収録：« Le passage de la ligne », in *Jean Borreil : la raison de l'autre*, Paris, L'Harmattan, collection « La philosophie en commun », 2000, p. 143-159.（1993年6月CIPHシンポジウムの記録）→*Aux bords du politique*の第2版に初出の題で収録.

international de philosophie, n° 8, octobre 1989, p. 211-225.

- « L'émancipation et son dilemme », *Cahiers du Cedref*, n° 1, « Silence, émancipation des femmes entre privé et public », 1989, p. 43-58.
- « Fragments de discours populaires amoureux » (Sur *L'Amour sous Victoria* de Françoise Barret-Ducrocq), *La Quinzaine littéraire*, n° 548, 1990, p. 25.
- « Histoires d'école », *Cahiers du cinéma*, n° 431-432, mai 1990, p. 80-83.
- « La démocratie corrigée », *Le Genre humain*, n° 22, automne 1990, p. 57-67.
- « La chute des corps : physique de Rossellini », in *Roberto Rossellini*, dirigé par Alain Bergala et Jean Narboni, Cahiers du Cinéma / Cinémathèque française, 1990, p. 70-79. → *La fable cinématographique* に収録.
- « Max Frisch », *La Quinzaine littéraire*, n° 576, 1991.
- « Poétique d'Anthony Mann », *Trafic*, n° 3, été 1992, p. 25-41. → *La fable cinématographique* に収録.
- « Préface » in Geneviève Fraisse, *La Raison des femmes*, Paris, Plon, 1992, p. 7-25.
- "Overlegitimation", translated by Kristen Ross, *Social Text*, no. 31-32, 1992, p. 252-257.
- "Politics, Identification, and Subjectivization", *October*, no. 61, Summer 1992, p. 58-64.（1991年ニューヨークでの『オクトーバー』誌企画のシンポジウム記録．討議の書誌は後掲）．以下に収録：*The Identity in Question*, edited by John Rajchman, New York and London, Routledge, 1995, p. 63-72. → *Aux bords du politique* の第2版に収録.
- « Préface » et « Les voix et les corps », in *Le millénaire Rimbaud*, Paris, Belin, 1993, p. 5-10, 11-42. → *La chair des mots* に収録（« Rimbaud : les voix et les corps » と改題）.
- « L'histoire des femmes entre subjectivation et représentation (note critique) », *Annales ESC*, 48e année, n° 4, juillet-août 1993, p. 1011-1019.
- « La pensée du non-retour », préface à *La raison nomade* de Jean Borreil, textes établis par Christine Buci-Glucksmann, Geneviève Fraisse et Jacques

Representations, Meaning, Organization, and Practice, edited by Steven Laurence Kaplan and Cynthia J. Koepp, Ithaca, Cornell University Press, 1986, p. 317-334.

- « L'éthique de la sociologie », in *L'Empire du sociologue*, par le collectif « Révoltes logiques », Paris, La Découverte, collection « Cahiers libres », 1984, p. 13-36. → *Les scènes du peuple* に収録.
- « Le poids des choses. Feu sur la pédagogie » (Sur *De l'école* de Jean-Claude Milner), *La Quinzaine littéraire*, n° 422, 1984, p. 31.
- « La visite au peuple », *Cahiers du cinéma,* n° 371/372, 1985, p. 106-111.
- « Le théâtre du peuple : une histoire interminable », in *Esthétiques du peuple*, par le collectif « Révoltes logiques », Paris, La Découverte, et Saint-Denis, Presses universitaires de Vincennes, collection « Cahiers libres », 1985, p. 17-53. → *Les scènes du peuple* に収録.
- « Savoirs hérétiques et émancipation du pauvre », in *Les sauvages dans la cité : auto-émancipation du peuple et instruction des prolétaires au XX*[e] *siècle*, sous la direction de Jean Borreil, Paris, Champ Vallon, collection « Milieux », 1985, p. 34-53. → *Les scènes du peuple* に収録.
- « Dossier Victor Hugo : L'archange et les orphelins », *La Quinzaine littéraire*, n° 448, 1985, p. 15-16.
- « Quels "événements" ? », *La Quinzaine littéraire*, n° 459, 1986, p. 35-36.
- « Le rêve du peuple musicien » (Sur *Les Travaux d'Orphée* de Philippe Gumplowicz), *La Quinzaine littéraire*, n° 501, 1988, p. 18-19.
- « Après quoi ? », *Cahiers Confrontation*, n° 20, « Après le sujet qui vient », hiver 1989, p. 191-196.［英訳］"After what?", translated by Christina Davis, *Who Commes After the Subject?*, edited by Eduardo Cadava, Peter Connor, and Jean-Luc Nancy, New York and London, Routledge, 1991, p. 246-252.［邦訳］「何の後に」廣瀬浩司訳，ジャン＝リュック・ナンシー編『主体の後に誰がくるのか？』現代企画室，1996年，315–325頁.
- « À propos de *L'Être et l'événement* d'Alain Badiou », *Le Cahier du collège*

de mai ou les chemins du pouvoir (1968-1978) », février 1978, p. 7-25. → *Les scènes du peuple* に収録.

- « Le compromis culturel historique », *Les Révoltes logiques*, numéro spécial, *ibid.*, p. 106-126. → *Les scènes du peuple* に収録.
- « Le gai savoir », in *Bertolt Brecht, Cahiers de l'Herne*, n° 3511, Paris, Éditions de L'Herne, 1979, p. 219-236. → *Politique de la littérature* に収録.
- « Une femme encombrante (à propos de Suzanne Voilquin) », *Les Révoltes logiques*, n° 8-9, hiver 1979. → *Les scènes du peuple* に収録.
- « La révolution impensable (sur *L'état et les esclaves* de Blandine Barret-Kriegel) », *Les Révoltes logiques*, n° 12, été 1980. → *Les scènes du peuple* に収録.
- « L'usine nostalgique », *Les Révoltes logiques*, n° 13, hiver 1980. → *Les scènes du peuple* に収録.
- « Le prolétaire et son double », *Les Révoltes logiques*, n° 13, hiver 1980. → *Les scènes du peuple* に収録.
- « L'or du Sacramento », *Les Révoltes logiques*, n° 14/15, été 1981. → *Les scènes du peuple* に収録.
- « De l'encyclopédie au chant des ouvriers » (Sur *Gens de métier et révolutions. Le langage du travail de l'ancien régime à 1848* de William H Sewell), *La Quinzaine littéraire*, n° 398, 1983, p. 22-23.
- « La représentation de l'ouvrier ou la classe impossible », in *Le retrait du politique : travaux du Centre de recherches philosophiques sur le politique*, Paris, Galilée, 1983, p. 89-111.
- « Ronds de fumée (les poètes ouvriers dans la France de Louis-Philippe) », *Revue des sciences humaines*, n° 190, « Des poissardes au réalisme socialiste », Presses de l'Université Lille III, 1983, p. 31-47.
- "The Myth of the Artisan : Critical Reflections on a Category of Social History", translated by David H. Lake, *International Labor and Working Class History*, no. 24, Fall 1983, p. 1-16. 以下に収録：*Work in France:*

Glucksmann) », *Les Révoltes logiques*, n° 1, hiver 1975. → *Les scènes du peuple* に収録.

- « En allant à l'expo : l'ouvrier, ses femmes et les machines », avec Patrick Vauday, *Les Révoltes logiques*, n° 1, 1975, p. 5-22. → *Les scènes du peuple* に収録. ［英訳］"Going to the Expo: the Worker, his Wife and Machines", translated by John Moore, in *Voices of the People: The Social Life of 'La Sociale' at the End of the Second Empire*, edited by Adrian Rifkin and Roger Thomas, London, Routledge & Kegan Paul, 1988, p. 45-94.
- « Sur *Marx* de Michel Henry », avec Jean Borreil, *La Quinzaine littéraire*, n° 234, 1976, p. 21-22.
- « Les maillons de la chaîne (Prolétaires et dictatures) », *Les Révoltes logiques*, n° 2, printemps-été 1976. → *Les scènes du peuple* に収録.
- « Fleurs intempestives (sur *La communion solennelle*) », *Cahiers du cinéma*, n° 278, juillet 1977, p. 17-20.
- « De Pelloutier à Hitler : syndicalisme et collaboration », *Les Révoltes logiques*, n° 4, hiver 1977. → *Les scènes du peuple* に収録.
- « Les philosophes au marché » (Sur *Contre la nouvelle philosophie* de François Aubral et Xavier Delcourt), *La Quinzaine littéraire*, n° 257, 1977, p. 6-7.
- « Les salut aux ancêtres » (Sur *Georges Sorel et la Révolution au 20e siècle* de Michel Charzat, et les *Écrits sur la Révolution* de Blanqui), *La Quinzaine littéraire*, n° 262, 1977, p. 19-20.
- « Le bon temps ou la barrière des plaisirs », *Les Révoltes logiques*, n° 7, printemps-été 1978, p. 25-66. → *Les scènes du peuple* に収録. ［英訳］"Good times or pleasure at the barricades", translated by John Moore, *Voices of the People*, *op. cit.*, p. 45-94.
- « La pensée d'ailleurs », *Critique*, n° 369, « La philosophie malgré tout », février 1978, p. 242-245.
- « La légende des philosophes (les intellectuels et la traversée du gauchisme) », avec Danielle Rancière, *Les Révoltes logiques*, numéro spécial « Les lauriers

- *Le destin des images*, Paris, La Fabrique, 2003.［英訳］*The Future of the Image*, translated by Gregory Elliott, London, Verso, 2007.［邦訳］『イメージの運命』堀潤之訳，平凡社，2010年．
- *Les scènes du peuple : les* Révoltes logiques *1975/1985*, Lyon, Horlieu, 2003.
- *Malaise dans l'esthétique*, collection « La philosophie en effet », Paris, Galilée, 2004.［邦訳］『美学における居心地の悪さについて』インスクリプト，近刊．
- *L'espace des mots : de Mallarmé à Broodthaers*, Nantes, Musée des Beaux-Arts de Nantes, 2005.
- *Chroniques des temps consensuels*, Paris, Seuil, 2005.
- *La haine de la démocratie*, Paris, La Fabrique, 2005.［英訳］*Hatred of Democracy*, translated by Steve Corcoran, London, Verso, 2007. 第3章の英訳には以下もある："Democracy, Republic, Representation", translated by James Ingram, *Constellations*, vol. 13, no. 3, 2006.［邦訳］『民主主義への憎悪』松葉祥一訳，インスクリプト，2008年，本書．
- *Politique de la littérature*, collection « La philosophie en effet », Paris, Galilée, 2007.

2　論文

- « Sur la théorie de l'idéologie : politique d'Althusser », *L'Homme et la Société*, n° 27, 1973, p. 31-61. → *La leçon d'Althusser* に収録．
- « Mode d'emploi pour une réédition de *Lire le Capital* », *Les Temps modernes*, n° 328, novembre 1973, p. 788-807.［英訳］"How to use *Lire le Capital*", translated by Tanya Asad, *Economy and Society*, vol. 5, no. 3, August 1976, p. 377-384. 以下に収録：*Ideology, Method and Marx*, edited by Ali Rattansi, New York and London, Routledge, 1989, p. 181-189.
- « Utopistes, bourgeois et prolétaires », *L'Homme et la Société*, n° 37, 1975, p. 87-98.
- « La bergère au Goulag (sur *La cuisinière et le mangeur d'hommes* d'André

・*La mésentente : politique et philosophie*, Paris, Galilée, collection « La philosophie en effet », 1995.［英訳］*Dis-agreement: Politics and Philosophy*, translated by Julie Rose, Minneapolis and London, University of Minnesota Press, 1999.［邦訳］『不和あるいは了解なき了解 —— 政治の哲学は可能か』松葉祥一・大森秀臣・藤江成夫訳，インスクリプト，2005年.
・*Mallarmé : la politique de la sirène*, Paris, Hachette-Pluriel, collection « Coup double », 1996.［文庫版］Hachette, collection « Pluriel Lettres », 2006.
・（共著）*Arrêt sur histoire*, avec Jean-Louis Comolli, Paris, Centre Georges Pompidou, 1997.
・*La parole muette : essai sur les contradictions de la littérature*, Paris, Hachette littératures, 1998.［文庫版］collection « Pluriel », 2005.［邦訳］『沈黙する言葉』新谷淳一訳，インスクリプト，近刊.
・*La chair des mots : politiques de l'écriture*, Paris, Galilée, 1998.［英訳］*The Flesh of Words: The Politics of Writing*, translated by Charlotte Mandell, Stanford, Stanford University Press, 2004.
・*Le partage du sensible : esthétique et politique*, Paris, La Fabrique, 2000.［英訳］*The Politics of Aesthetics: The Distribution of the Sensible*, translated with an introduction by Gabriel Rockhill, afterword by Slavoj Žižek, London and New York, Continuum, 2004.［邦訳］『感性的なもののパルタージュ——美学と政治』梶田裕訳，法政大学出版局，2009年.
・*La fable cinématographique*, Paris, Seuil, collection « La librairie du XXIe siècle », 2001.［英訳］*Film Fables*, translated by Emiliano Battista, Oxford, Berg Publishers, 2006.［邦訳］（部分訳）「『中国女』の赤」森田祐三訳，『批評空間』2期2号，1997年1月，98–108頁；「あるイメージから別のイメージへ？—— ドゥルーズと映画の時代」三輪誠一郎訳，『VOL』2号，2007年5月，156–166頁；「教訓なき寓話 —— ゴダール・映画・歴史」堀潤之訳，『批評空間』3期3号，2002年，173–186頁.
・*L'inconscient esthétique*, Paris, Galilée, 2001.［邦訳］「美学的無意識」堀潤之訳，『みすず』46巻4号，2004年5月，14–45頁.

lated by Kristin Ross, introduction by Kristin Ross, Stanford, Stanford University Press, 1991. ［邦訳］英訳序文，クリスティン・ロス「ジャック・ランシエール『何も知らない先生』への訳者序文」松葉祥一・山尾智美訳，『現代思想』32巻4号，2004年4月，185–197頁.

・*Courts voyages au pays du peuple*, Paris, Seuil, collection « La librairie du XXᵉ siècle », 1990. ［英訳］*Short voyages to the Land of the People*, translated by James B. Swenson, Stanford, Stanford University Press, 2003.

・*Aux bords du politique*, Paris, Osiris, collection « Impatience de la politique », 1990. ［英訳］*On the Shores of Politics*, translated by Liz Heron, London, Verso, 1995. ［第2版］Paris, La Fabrique, 1998. ［文庫版］Paris, Gallimard, collection « Folio essais », 2004. ［英訳］*On the Shores of Politics*, London, Verso, 2007.

・（編著）*La politique des poètes : pourquoi des poètes en temps de détresse*, « Préface » et « Transports de la liberté : Wordsworth, Byron, Mandelstam », p. 87-129, Bibliothèque du Collège international de philosophie, Paris, Albin Michel, 1992. → *La chair des mots* に収録（« De Wordsworth à Mandelstam : les transports de la liberté » と改題）.

・*Les noms de l'histoire : essai de poétique du savoir*, Paris, Seuil, collection « La librairie du XXᵉ siècle », 1992. ［英訳］*The Names of History: On the Poetics of Knowledge*, translated by Hassan Melehy, foreword by Hayden White, Minneapolis and London, University of Minnesota Press, 1994. ［邦訳］英訳序文，ヘイドン・ホワイト「歴史的知の詩学――ランシエールの修正主義」渡部ちあき訳，『思想』866号，1996年8月，178–189頁.

・*Políticas da Escrita*, Tradução de Raquel Ramalhete, Rio de Janeiro, Editora 34, 1995.

・（共著）*Politik der Wahrheit*, mit Alain Badiou, Rado Riha, Jelica Šumič-Riha, aus dem Franz. und Slowen. von Rado Riha, Wien, Turia + Kant, 1997. （リュブリアナでの講演集）［再版］Turia + Kant, 2008. （ランシエールとバディウの論考を収録）

判」は上巻に収録）.

・*La leçon d'Althusser*, Paris, Gallimard, collection « Idées », 1974.［英訳］論考 "Pour mémoire : sur la théorie de l'idéologie" (1969) の英訳："On the Theory of Ideology (the politics of Althusser)", *Radical Philosophy*, no. 7, Spring 1974, p. 2-15. 以下にも収録：*Radical Philosophy Reader*, edited by Roy Edgley and Richard Osborne, London, Verso, 1985, p. 101-136; *Ideology*, edited by Terry Eagleton, London, Longman Group UK Ltd., 1994, p. 141-161.

・（共編著）*La parole ouvrière : 1830-1851*, avec Alain Faure, Paris, Union générale d'éditions, 1976.［再版］La Fabrique, Paris, 2007.

・*La nuit des prolétaires : archives du rêve ouvrier*, Paris, Fayard, 1981.［文庫版］Paris, Hachette, 2005.［英訳］*The Nights of Labor: the Workers' Dream in Nineteenth-Century France*, translated by John Drury, introduction by Donald Reid, Philadelphia, Temple University Press, 1989. 序章の英訳は以下にも収録："Proletarian Nights", translated by Noel Parker, *Radical Philosophy*, no. 31, Summer 1982, p. 10-13.

・（編著）*Le philosophe plébéien* de Gabriel Gauny, Paris, Maspéro-La Découverte ; Saint-Denis, Presses universitaires de Vincennes, 1983.

・*Le philosophe et ses pauvres*, Paris, Fayard, 1983.［文庫版］Paris, Champs / Flammarion, 2007.［英訳］*The Philosopher and His Poor*, translated by John Drury, Corinne Oster, and Andrew Parker, Introduction by Andrew Parker, Durham, Duke University Press, 2004. 序章の英訳は以下にも収録："The Order of the City", translated by John Drury, Corinne Oster, Andrew Parker, *Critical Inquiry,* vol. 30, no. 2, Winter 2004, p. 267-291.［邦訳］（部分訳）「くすね盗られた革命」長原豊訳，『現代思想』33巻1号，2005年1月，128–141頁.

・*Le maître ignorant : cinq leçons sur l'émancipation intellectuelle*, Paris, Fayard, 1987.［文庫版］10/18, collection « Fait et cause », 2004.［英訳］*The Ignorant Schoolmaster: Five Lessons in Intellectual Emancipation*, trans-

ジャック・ランシエール書誌

作成にあたって以下に掲載されている書誌を参考にし，著者の校訂を経た．作成：松葉祥一＋編集部．

SubStance, vol. 33, no. 1, 2004; *The Politics of Aesthetics: The Distribution of the Sensible*, London and New York, Continuum, 2004; *Jacques Rancière: Aesthetics, Politics, Philosophy,* edited by Mark Robson, Edinburgh University Press, 2004; http://ranciere.blogspot.com/

1　著作

・（共著）*Lire le Capital*, sous la direction de Louis Althusser, avec Roger Establet, Étienne Balibar, Pierre Macherey, « Le concept de critique et la critique de l'économie politique des *Manuscrits de 1844* au *Capital* », Paris, Maspéro, collection « Théorie », 1965, p. 81-199.［再版］Paris, PUF collection « Quadrige », 1996.［英訳］"The Concept of 'Critique' and the 'Critique of Political Economy' (from the *Manuscripts of 1844* to *Capital*)", translated by Ben Brewster, in *Ideology, Method and Marx: Essays from Economy and Society*, edited by Ali Rattansi, New York and London, Routledge, 1989, p. 74-180. 結論部の英訳は以下にも収録：*Economy and Society*, vol. 5, no. 3, August 1976, p. 352-376.［邦訳］ルイ・アルチュセール，ジャック・ランシエール，ピエール・マシュレー，エチエンヌ・バリバール，ロジェ・エスタブレ『資本論を読む』(全3巻)，今村仁司訳，ちくま学芸文庫，1996–97年（ランシエールの論文「『一八四四年の草稿』から『資本論』までの批判の概念と経済学批

【著者】
ジャック・ランシエール（Jacques Rancière）
1940年アルジェ生まれ．パリ第8大学名誉教授．哲学，美学．
著書に *Lire le Capital*, 1965（『資本論を読む』共著，ちくま学芸文庫），*La nuit des prolétaires*, 1981（『プロレタリアートの夜』），*Le maître ignorant*, 1987（『無知なる教師』），*Aux bords du politique*, 1990（『政治の岸辺で』），*Les noms de l'histoire*, 1992（『歴史の名』），*La mésentente*, 1995（『不和あるいは了解なき了解』インスクリプト），*Mallarmé*, 1996（『マラルメ』），*La parole muette,* 1998（『沈黙する言葉』インスクリプト，近刊），*La chair des mots*, 1998（『語の肉』），*Le partage du sensible*, 2000（『感性的なもののパルタージュ』，法政大学出版局），*La fable cinématographique*, 2001（『映画的寓話』インスクリプト，近刊），*Le destin des images*, 2003（『イメージの運命』平凡社），*Malaise dans l'esthétique*, 2004（『美学における居心地の悪さについて』インスクリプト，近刊）ほか．

【訳者】

松葉祥一（Matsuba, Shoichi）

1955年生まれ．現在，神戸市看護大学教授．哲学，倫理学．

著書に，『哲学的なものと政治的なもの』（青土社，2010）『ナースのための実践論文講座』（人文書院，2008），『来るべき〈民主主義〉』（共著，藤原書店，2003），『普遍性か差異か』（共著，藤原書店，2002），*Immersing in the Concrete*（Co-editor, Kluwer Academic Publishers, 1998），『哲学者たちは授業中』（共著，ナカニシヤ出版，1997）ほか．

訳書に，ジャック・デリダ『友愛のポリティックス』（共訳，みすず書房，2003），『触覚、ジャン＝リュック・ナンシーに触れる』（共訳，青土社，2006），エティエンヌ・バリバール『市民権の哲学』（青土社，2000），『ヨーロッパ市民とは誰か』（共訳，平凡社，2007），ジャック・ランシエール『不和あるいは了解なき了解』（共訳，インスクリプト，2005），ジュリア・クリステヴァ『ハンナ・アーレント』（共訳，作品社，2006），トビ・ナタン『他者の狂気』（共訳，みすず書房，2005），タハール・ベン・ジェルーン『娘に語る人種差別』（青土社，1998）などがある．

民主主義への憎悪

ジャック・ランシエール

訳　松葉祥一

2008年7月 7日初版第1刷発行
2011年5月25日初版第3刷発行

発行者　丸山哲郎
装　幀　間村俊一
写　真　港　千尋

発行所　株式会社インスクリプト

〒101-0051 東京都千代田区神田神保町1-40
tel 03-5217-4686　fax 03-5217-4715
info@inscript.co.jp
http://www.inscript.co.jp/

印刷・製本　株式会社厚徳社

ISBN978-4-900997-18-9
Printed in Japan

【既刊書】

La Mésentente
Jacques Rancière

不和あるいは了解なき了解

政治の哲学は可能か

ジャック・ランシエール

松葉祥一・大森秀臣・藤江成夫＝訳

コンセンサスを標榜する
見せかけの現代民主制——
その欺瞞を説き明かし、ネオ・リベラリズム、
グローバリゼーション、市場主義への批判に
理論的基盤を与える政治哲学の実践。
存在の平等をめざす
真にラディカルな政治がここにある。

［目次より］

政治の始まり
間違い——政治とポリス
不和はなぜ生じるのか
アルシ・ポリティークからメタ・ポリティークへ
民主主義あるいはコンセンサス
ニヒリズムの時代における政治

四六判上製264頁　定価：本体3700円+税　2005年4月刊